WEBER'S

VEGGIE

von Jamie Purviance

Fotos von Tim Turner

WEBER'S: **VEGGIE**

Inhalt

Vegetarisch zu kochen war bis vor Kurzem mit dem Makel behaftet, dass etwas fehlt: Fleisch. Ein Grund dafür mag sein, dass Fleisch lange Zeit als die eigentliche Mahlzeit galt, Gemüse jedoch nur als Beilage. Das hat sich geändert. Wir haben die Botschaft verstanden, dass Gemüse gut für die Gesundheit ist, und erfahren, wie fantastisch es schmecken kann, wenn große Köche sich ihm mit Hingabe widmen. Wer Gemüse zum Mittelpunkt einer Mahlzeit macht, kann kulinarisch eine Überraschung erleben.

Und auch auf dem Grill können Gemüse, Obst, Getreide, Nüsse, Käse und Proteinspender wie Bohnen, Hülsenfrüchte und Tofu die fleischlose Küche auf höchstes Niveau heben. Der Grill bringt seine charakteristischen Aromen wie Rauch und holzige Noten ebenso in fleischlosen Zutaten ein, so wie wir es von gegrillten Steaks, Lammkoteletts, Fischfilets oder Hähnchenfleisch kennen. Deswegen bereite ich meine fleischlosen Gerichte am liebsten ebenfalls draußen auf dem Grill zu.

Im Lauf der Zeit habe ich herausgefunden, dass das Geheimnis für erfolgreiches vegetarisches Grillen in einem breiteren Verständnis dafür liegt, welche Zutaten und Kombinationen sich zum Grillen eignen. Gegen Spargelstangen oder Spieße mit Pilzen, Paprikaschoten und Zwiebeln ist nach wie vor nichts einzuwenden, aber inzwischen bin ich einen großen Schritt weitergegangen und möchte Sie ermutigen, dasselbe zu tun. Quesadillas und Frittatas, Pizzas, Fladenbrote, Chilis, Sandwiche und sogar Risotto können mit ein wenig Grundausrüstung ebenfalls auf dem Grill zubereitet werden, und die Aromen und Konsistenzen, die dabei entstehen, übertreffen ähnliche Gerichte vom häuslichen Herd bei Weitem. Und durch die zwanglose, unbeschwerte und gesellige Atmosphäre beim Grillen wird aus der einsamen Pflicht der Essenszubereitung für Familie und Freunde darüber hinaus eine Gemeinschaftsaktion, die allen Spaß macht.

4

Was das Essen selbst angeht, so übertragen sich ein hübsches Grillmuster, eine knusprige Kruste oder die komplexen Aromen, die sich über schwelender Glut entwickeln, aufs Schönste auf alles, was auf dem Grill gart, von Pilzen und Auberginen bis zu Kartoffeln oder einem Käse wie Halloumi, der mariniert und gegrillt werden kann, ohne zu zerbröckeln. Ähnliches gilt auch für Obst. Einige meiner Lieblingsdesserts mit Früchten sind darüber hinaus im Handumdrehen fertig, denn auf dem Grill entfalten und intensivieren Früchte ihre natürliche Süße. Auf diese Weise kann ich mit einfachen Beigaben wie Sahne, Gewürzen oder Honig einen süßen Schlusspunkt unter eine Mahlzeit setzen, ohne ein einziges Mal in der Küche stehen zu müssen.

Erfolgreiches Grillen und Kochen fängt bei guten Zutaten an. Halten Sie sich daher überwiegend an Obst und Gemüse aus Ihrer Region, denn es ist frisch, schmackhaft und gesund, während Nährstoffe und Aromen rapide abnehmen oder sich gar nicht erst entwickeln, je weiter Produkte transportiert werden. Auch Konservierungsstoffe und Fungizide, mit denen Supermarktketten ihre Waren für den weiten Transport haltbar machen, sind in lokalen Produkten kaum oder gar nicht vorhanden. Vor Ort zu kaufen hilft darüber hinaus den ansässigen Bauern, was wiederum Ihrer Region nicht nur ökologisch, sondern auch ökonomisch zugute kommt, und steigert die Nachfrage nach jener Art von Lebensmitteln, die Sie und viele andere essen möchten.

In den Rezepten der folgenden Seiten möchte ich Sie in die Grundlagen des fleischlosen Grillens einführen. Sie lernen, wie man mit Marinaden und Würzmischungen ein Optimum an Geschmack erzielt, wie Sie Ihre Grillerfahrungen mit Fleisch auf Gemüse und Co. übertragen können (und welche Unterschiede es gibt), welche Vorräte Sie anlegen sollten und welche Ausrüstung, Werkzeuge und Techniken Ihnen helfen, mit viel Freude köstliches fleischloses Essen auf Ihrem Grill zu zaubern.

Lassen Sie uns gemeinsam das spannende Feld vegetarischer Genüsse erforschen.

Jamie Purviance

GRILLTIPPS FÜR GEMÜSE

Beachten Sie bei den folgenden Tipps bitte, dass Gemüse in den allermeisten Fällen davon profitiert, schon eingeölt und gewürzt auf den Grill gelegt zu werden.

GEMÜSE

AUBERGINEN UND ZUCCHINI. Mit ihrer fleischigen Konsistenz eignen sich Auberginen hervorragend für die vegetarische Küche. Für den Grill schneidet man sie in der Regel längs oder quer in Scheiben von gut einem Zentimeter. Immer mit Öl einpinseln! Je nach Rezept sollten Sie Auberginen oder Zucchini vor dem Grillen salzen, um ihnen Wasser zu entziehen.

BUTTERNUSSKÜRBIS. Harte Kürbisse wie Butternuss machen sich auf dem Grill hervorragend, sofern sie nicht zu dick geschnitten werden (ein knapper Zentimeter ist ideal). Zur Vorbereitung nur den dicken Teil der Frucht verwenden und die Kerne und das faserige

Innere entfernen. Den Kürbis schälen und in Scheiben schneiden. Alles Weitere wird in den jeweiligen Rezepten beschrieben.

KARTOFFELN. Kleine ganze Kartoffeln sollten vor dem Grillen immer kurz vorgegart werden. Nicht nötig ist das für Kartoffelscheiben, die in einer gusseisernen Pfanne auf dem Grill gebraten werden. Viele Sorte muss man nicht einmal schälen.

PAPRIKASCHOTEN. Achten Sie beim Einkaufen darauf, Schoten mit flachen Seiten zu wählen, die mit einer möglichst großen Oberfläche auf dem Grill liegen können. In vielen Rezepte lässt man auch die Haut von ganzen Paprikaschoten auf dem Grill verkohlen. Die Schoten dampfen anschließend in einer zugedeckten Schüssel aus, danach lässt sich die Haut leicht abziehen.

PILZE. Gegrillte Pilze können fantastisch schmecken, sie dürfen nur nicht zu trocken werden. Über direkter Hitze verlieren sie ihre Feuchtigkeit sehr schnell, weshalb man sie während des Grillens ab und zu mit etwas Öl oder einer Marinade bestreichen sollte. Große Pilze können direkt auf den Rost gelegt werden, kleinere grillt man besser in einer Grillpfanne.

ROSEN- UND BLUMENKOHL. Beiden Mitgliedern der Familie *Brassica* tut ein bisschen Starthilfe gut: Blanchieren oder dämpfen Sie sie einige Minuten vor dem Grillen, dann werden sie schön weich. Anschließend auf einer gelochten Grillpfanne grillen, damit sie nicht durch den Rost fallen.

ROTE BETE. Auch wenn sie so hart wie Kartoffeln sind, müssen Rote Beten vor dem Grillen nicht vorgegart werden. Einfach schälen, in Scheiben schneiden, mit etwas Öl einpinseln und leicht würzen – der heiße Grill lockt ihre natürliche Süße dann von selbst heraus.

SPARGEL, GRÜN. Dicke Stangen haben meist mehr Aroma und eignen sich besser zum Grillen als dünne. Brechen Sie die harten Spargelenden jeweils ab.

ZWIEBELN. Zwiebelscheiben sind leicht zu grillen, wenn die inneren Ringe intakt bleiben. Achten Sie beim Schneiden gut darauf, dass die Scheiben gleichmäßig dick sind, und wenden Sie sie vorsichtig mit einem Grillwender.

ANDERE ZUTATEN

BROT- UND PIZZATEIG. Pizza und Fladenbrote frisch vom Grill schmecken großartig. Den aufgegangenen und ausgerollten Teig einölen und zunächst ohne weitere Zutaten über direkter Hitze backen, dann wenden und über indirekte Hitze legen. Jetzt können Sie den Belag darauf verteilen und alles zusammen fertig backen.

OBST. Auch wenn es zunächst seltsam erscheint: Obstscheiben und halbe Früchte sollten genauso eingeölt werden wie Gemüse. So kleben sie nicht am Rost fest und werden überdies hübsch gemustert, ohne einen dominanten Grillgeschmack anzunehmen. Wegen des hohen Zuckergehalts bildet sich das Grillmuster relativ schnell. Behalten Sie Obst und Früchte auf dem Grill gut im Auge und nehmen Sie sie rechtzeitig vom Grill, bevor sie verbrennen.

TOFU. Zum Grillen brauchen Sie immer festen oder extrafesten Tofu, sonst brechen die Scheiben beim Wenden auseinander. Tofu hat praktisch keinen Eigengeschmack, nimmt aber Marinaden sehr gut auf. Marinierte Tofuscheiben sollten vor dem Einölen und Grillen immer trockengetupft werden. Gewendet werden sie am besten mit einem breiten Grillwender.

Grundlagen des Grillens

DEN GESCHMACK INTENSIVIEREN

Wie es bei Fleisch vielerlei Arten und Grillmethoden gibt, so herrscht auch im vegetarischen Bereich große Vielfalt. Hier möchte ich auf einige generelle Unterschiede beim Grillen mit und ohne Fleisch eingehen und Tipps geben, die Ihnen das vegetarische Grillen einfacher machen sollen.

GRUND-ÜBERLEGUNGEN

Wenn Sie schon einmal Fleisch gegrillt haben, wissen Sie, dass viele Faktoren das Ergebnis beeinflussen: die Qualität des Fleischs, die Menge des Fetts, die Marinade (oder das Fehlen einer solchen) und die Intensität und Art der Hitze. Auch die Entscheidung, mit Gas oder Holzkohle zu grillen (sofern beide Möglichkeiten vorhanden sind), oder ob und wann das Grillgut bestrichen oder gewendet wird, kann relevant sein. Viele (wenn auch nicht alle) dieser Fragen treffen auch auf fleischlose Zutaten zu.

QUALITÄT. Obst und Gemüse für den Grill sollte immer so frisch wie möglich sein. Wählen Sie Exemplare mit glatter, unbeschädigter Oberfläche, die sich fest anfühlen, keine welken Blätter haben und widerstandsfähig

genug sind, um der Hitze standzuhalten. Wann immer möglich, wähle ich Produkte, die in meiner Region gerade Saison haben und reichlich nachgefragt werden. Sie schmecken nicht nur besser, sondern kosten meist auch weniger. Bei lokalen Produkten, die zudem aus zertifiziertem Bioanbau stammen, sollten Sie immer zugreifen.

FETTE, MARINADEN UND WÜRZMISCHUNGEN. Obst und Gemüse profitieren praktisch immer von einer dünnen Fettschicht, die vor dem Grillen meist in Form von Öl aufgetragen wird. So sind sie vor dem Austrocknen und Festkleben geschützt. Ölen Sie immer die Zutaten ein, nicht den Grillrost.

Marinaden kombinieren in der Regel einen ölhaltigen Anteil mit einem säurehaltigen (wie Zitronensaft, Essig oder Wein), dazu kommen Kräuter und Gewürze, die zusammen den Speisen einen kräftigen, komplexen Geschmack verleihen sollen. Geben Sie Ihren Zutaten genügend Zeit, diese Aromen aufzunehmen, wenn das Rezept dies vorsieht. Schon ein paar Minuten können den Unterschied machen. Vegetarische Zutaten bringen keine nennenswerte Menge an Keimen in die Marinade ein, wie rohe tierische Produkte es tun. Daher können Restmengen – nach dem Grillen über die Speisen geträufelt – dem Essen noch den letzten Kick verleihen.

Würzmischungen und -pasten fügen eine weitere Geschmacksebene hinzu. Sie dringen zwar nicht so tief ein wie Marinaden, sind aber normalerweise das Erste, was man schmeckt, wenn man in das Grillgut hineinbeißt. Sie sorgen für das zusätzliche Etwas an Geschmack.

INTENSITÄT UND ART DER
HITZE. Die meisten Rezepte in diesem Buch verlangen mittlere Hitze (175–230 °C), manchmal direkt, manchmal indirekt. Direkte Hitze sorgt für ein schönes, deutliches Grillmuster. Je nach Rezept werden die Zutaten anschließend über indirekte Hitze gelegt, wo sie auf sanftere Weise fertig garen. Näheres dazu auf Seite 10.

HOLZKOHLE ODER GAS? Vegetarische Speisen gelingen sowohl über Holzkohle als auch über Gas. Es gibt jedoch Geschmacksunterschiede: am deutlichsten erkennbar an der charakteristischen Rauchnote, die die Holzkohleglut auf das Gemüse überträgt. Mit Holzkohle ist zudem der Reiz eines echten Feuers verbunden, das sich ständig verändert und das überwacht werden will, ob man nun Holzkohle nachlegt oder die Lüftungsschieber reguliert. Mit Gas ist Grillen vorhersehbarer und die Temperatur leichter zu kontrollieren. Das Gemüse nimmt hier keine Holznoten an, doch auch Fett und Säfte, die in die Gasflamme tropfen, sorgen für eine gewisse Rauchigkeit.

BESTREICHEN, WENDEN UND
GARPROBE. Speisen, die länger auf dem Grill liegen, sollten ab und zu bestrichen werden, um noch kräftigere Aromen zu entwickeln und nicht auszutrocknen. Das Wenden des Grillguts unterstützt

gleichmäßiges Garen, sollte aber auf ein Mindestmaß beschränkt werden. Jedes Mal, wenn Sie den Grilldeckel öffnen, sinkt nämlich die Temperatur – also bestreichen oder wenden Sie zügig und schließen Sie danach sofort wieder den Deckel. Gemüse schmeckt am besten, wenn es zart, aber noch ein wenig knackig ist, deshalb sollte nach der in den Rezepten angegebenen Garzeit eher früher als später die Garprobe gemacht werden. Ein Grillthermometer ist für Gemüse nicht brauchbar.

VORRATSHALTUNG

Mit den richtigen Vorräten kann man auch einfache fleischlose Gerichte mit komplexen, vielschichtigen Geschmacksnoten versehen. Ganze und gemahlene Gewürze, frische und getrocknete Kräuter, Oliven, Kapern, sonnengetrocknete Tomaten, Essiggürkchen und eingelegte Zwiebeln sind ein guter Anfang. Auch eine Reihe verschiedener aromatisierter Öle und Essige sowie unterschiedliche Senfsorten sind sinnvoll. Für Risotto ist Gemüsefond aus dem

Glas (oder selbst hergestellt) ein Muss. Nüsse und Samen steuern neben herrlichem Geschmack auch eine schöne Knackigkeit bei, außerdem sind sie gesund und machen satt. Reis ist unverzichtbar für Risotto, Nudeln für warme und kalte Gerichte aller Art, und Vollkorngetreide sowie Bohnen aus der Dose kann man ohnehin nie genug haben. Schließlich ist in meinem Kühlschrank auch immer Platz für eine Käseauswahl: Käse, der auf dem heißen Essen schmilzt (etwa Cheddar und Mozzarella), oder Sorten wie Manouri und Halloumi, die direkt auf den Grill kommen.

Mit solchen Zutaten in der Hinterhand werden auch ungeplante vegetarische Grillevents spannend und attraktiv sein. Vollkorngetreide und andere Stärkequellen liefern eine verblüffende Variationsbreite an sättigenden Gerichten. Und wenn Sie sich vor und nach dem Grillen ein paar Minuten Zeit für die Extragenüsse nehmen, die Marinaden, Würzmischungen und Saucen bereithalten, werden Sie schnell verstehen, welche Vorteile eine gut gefüllte Vorratskammer bringt.

Grundlagen des Grillens

DER RICHTIGE UMGANG MIT DEM GRILL

DIREKTE HITZE UND INDIREKTE HITZE

Bei direkter Hitze wird das Grillgut direkt über die Glut gelegt. Bei indirekter Hitze konzentriert sich die Glut auf nur eine Seite des Grills; unter dem Deckel verteilt sich die Hitze gleichmäßiger.

Direkte Hitze eignet sich perfekt für drei Arten von Zutaten: kleine Stücke, die rasch weich werden, etwa Früchte (beispielsweise Feigen), dann Zutaten, die ruhig et-

was schwarz werden dürfen, etwa Spargel, Paprikaschoten, fester Käse (wie Halloumi) und sogar dick geschnittenes Brot, und schließlich Gemüse, das vorher blanchiert oder gedämpft wird und daher auf dem Grill rasch gart (beispielsweise Rosenkohl). Die Oberfläche wird dabei scharf angebraten, der natürliche Zucker karamellisiert, und das Grillgut gart bis zum gewünschten Grad durch. Direkte Hitze ist ideal für ein schönes Grillmuster, eine braune Kruste und eine knusprige Konsistenz.

Indirekte Hitze ist dagegen eine sanftere, langsamere Garmethode, bei der das Innere des Grillguts etwa ebenso schnell gart wie die Oberfläche. In der Mehrzahl der Fälle kommt Grillgut auf die indirekte Seite des Rosts, nachdem es zunächst einige Minuten über direkter Glut verbracht hat.

DEN HOLZKOHLEGRILL VORBEREITEN

Die Briketts oder die Holzkohle lassen sich am besten mit einem Anzündkamin verteilen: Diesen dafür bis zum Rand mit Holzkohle oder Briketts füllen, anzünden und brennen lassen, bis die Stücke an den Rändern glühen bzw. mit einer dünnen Ascheschicht überzogen sind.

Die glimmenden Briketts oder Kohlen auf den Kohlerost schütten und so verteilen, dass der Rost zur Hälfte oder zu zwei Dritteln dicht bedeckt ist (siehe Abb. links). Den Grillrost einsetzen, den Deckel schließen, alle Lüftungsschieber öffnen und warten, bis im Grill die gewünschte Hitze herrscht. Mit dieser sogenannten Zwei-Zonen-Glut wird am häufigsten gearbeitet, weil es auf diese Weise eine Zone mit direkter und eine Zone mit indirekter Hitze gibt.

Die Temperatur einer Zwei-Zonen-Glut kann hoch, mittel oder niedrig sein, je nachdem, wie viel Holzkohle verwendet wird und wie lange sie bereits brennt, da die Glut mit der Zeit an Heizkraft verliert.

DEN GASGRILL VORBEREITEN

Die Bedienung eines Gasgrills ist unkompliziert, variiert allerdings von Modell zu Modell. Daher sollten Sie stets die Gebrauchsanleitung des Herstellers lesen. Zum Anzünden eines Weber Gasgrills zunächst den Deckel öffnen, sodass sich kein ausströmendes Gas im Grillraum sammelt. Dann das Ventil öffnen und einige Minuten warten, bis das Gas in die Leitungen strömt. Nun die Brenner auf höchster Stufe

anzünden. Den Deckel schließen und den Grill 10–15 Min. vorheizen. Danach alle Brenner auf die gewünschte Temperatur einstellen.

Durch Ausschalten eines oder mehrerer Brenner kann praktisch sofort von direkter zu indirekter Hitze gewechselt werden. Verfügt ein Gasgrill nur über zwei Brenner, sollten Sie den hinteren ausschalten. Hat der Grill mehr als zwei Brenner, schalten Sie die mittleren aus. Die Brenner, die angeschaltet bleiben, können je nach Bedarf auf hoch, mittel oder niedrig gestellt werden. Wenn das Grillgut also über einem nicht eingeschalteten Brenner liegt und der Deckel geschlossen ist, grillen Sie mit indirekter Hitze.

ZUBEHÖR

GRILLPFANNE. Eine gelochte Grillpfanne, wie links im Bild zu sehen, ist ideal für kleine Stücke, die sonst durch den Rost fallen würden oder die deshalb einzeln auf Spieße gesteckt werden müssten. Lassen Sie die Grillpfanne 5–10 Minuten vorheizen, bevor Sie zum Einsatz kommt. Eine solche gelochte Grillpfanne wird in einer ganzen Reihe von Rezepten in diesem Buch verwendet.

WOK. Ein Wok vergrößert die Vielfalt und Variationsbreite an möglichen Gerichten vom Grill erheblich. Sie können in ihm nicht nur Ihre Lieblingsspeisen der asiatischen Küche pfannenrühren, auch für Suppen und Risottos ist ein Wok besonders gut geeignet. Wenn Sie also bei einer Ihrer nächsten Grilleinladungen Ihren Gästen einmal etwas Außergewöhnliches bieten oder an einem Grillabend mit Freunden mal so richtig im Mittelpunkt stehen möchten, liegen Sie mit einem Wok bestimmt richtig.

Zusätzliche Zubereitungsmöglichkeiten auf dem Grill eröffnen sich auch durch das
· **SEAR GRATE SET** für den Holzkohlegrill und den
· **PIZZASTEIN,** den es für Holzkohle- und Gasgrills gibt.

Grundlagen des Grillens

UNVERZICHTBARE GRILLHELFER

GRILLZANGE

Das mit Abstand meistgebrauchte Zubehör! Sie sollten für die vegetarische Küche zwei Grillzangen zur Verfügung haben: eine für das Grillgut und eine zweite zum Umplatzieren der Holzkohle.

GRILLBÜRSTE

Damit reinigt man den Rost vor dem Grillen und auch währenddessen. Wählen Sie ein stabiles Modell mit langem Stiel und Borsten aus rostfreiem Stahldraht.

GRILLPFANNE

Zum Grillen kleiner Stücke wie Champignons oder Cocktailtomaten, die sonst leicht durch den Rost fallen würden, ist die gelochte Grillpfanne ein überaus praktisches Utensil. Die Pfanne immer kräftig vorheizen.

ANZÜNDKAMIN

Mit ihm bringt man mühelos und schnell Holzkohle und Grillbriketts gleichmäßig zum Glühen. Er sollte ein Fassungsvermögen von mindestens 5 Litern haben.

BACKBLECH

Als tragbare Arbeitsfläche, auf der man Grillgut ölen und würzen kann, bietet sich ein Backblech ebenso an wie als Zwischenstation für alles, was gerade vom Grillrost geholt wird. Am besten sind gleich mehrere Bleche.

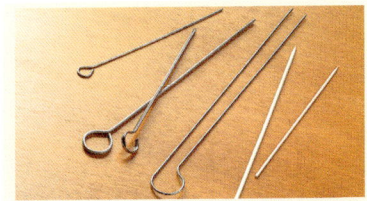

GRILLSPIESSE

Holzspieße sind einfach und preiswert, doch flache Metallspieße und Doppelspieße haben den Vorteil, dass sich das Grillgut darauf nicht dreht.

GRILLHANDSCHUHE

Leisten Sie sich ein Paar gut isolierter Grillhandschuhe, die auch zumindest einen Teil Ihrer Unterarme schützen. Ersetzen Sie sie durch neue Handschuhe, wenn das Material abgenutzt erscheint oder die Hitze nicht mehr gut abhält. Und ziehen Sie sie an!

TIMER

Einen Timer brauchen Sie mindestens, zwei sind noch besser – insbesondere dann, wenn Sie mehrere Zutaten gleichzeitig auf dem Feuer haben. Stellen Sie beispielsweise einen neben den Grill, um die Kontrolle über die gesamte Garzeit zu behalten, und stecken Sie den zweiten in die Tasche, damit er Sie ans Wenden erinnert.

GUSSEISERNE PFANNE

Sobald sie auf dem Grill heiß geworden ist, kann man in in einer gusseisernen Pfanne braten, sautieren, dämpfen oder backen, ohne dass sie Schaden nimmt. Eine gusseiserne Pfanne hält ewig. Sie sollte mindestens 25 cm Durchmesser haben.

PINSEL

Heute gibt es langstielige Pinsel mit Silikonborsten, die man in der Spümaschine reinigen kann – sie sind viel besser als die früheren Pinsel mit Naturborsten.

EINE PAPRIKASCHOTE VORBEREITEN

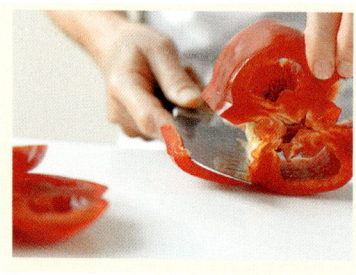

Um gleichmäßige Paprikastücke zu erhalten, die man flach auf den Grill legen kann, zunächst beide Enden der Paprikaschote wie einen Deckel abschneiden.

Die Paprikaschote aufrecht hinstellen und auf einer Seite senkrecht durchschneiden.

Nun die Schote auf die Außenseite legen und mit dem Messer die Samen und Trennwände von der Innenwand abschneiden.

Die Trennwände und Samen vollständig entfernen.

Alle weißen Bestandteile sorgfältig herausschneiden.

Nun kann man die Paprika flach auf den Grillrost legen. Durch die große Oberfläche gart sie rasch und gleichmäßig.

BROKKOLIRÖSCHEN GRILLEN

Den Brokkoli in etwa gleich große Röschen teilen und in kochendem Salzwasser blanchieren.

Die Röschen abgießen, mit Öl einpinseln und würzen. Anschließend in einer Lage in einer vorgeheizten gelochten Grillpfanne verteilen.

Die Brokkoliröschen gelegentlich mit einer Grillzange wenden oder die Grillpfanne mit Grillhandschuhen rütteln.

MAIS IN DEN HÜLLBLÄTTERN GRILLEN

Von den Kolben die bräunlichen Fäden abschneiden, die sonst auf dem Grill verbrennen würden.

So viele Hüllblätter entfernen, bis einzelne Maiskörner durch die Blätter durchschimmern.

Die Maiskolben auf oder neben die fast verglühten Holzkohlen legen und immer wieder wenden, bis die Hüllblätter an einzelnen Stellen schwarz sind.

Vegetarische Rezepte

16

BLATTSALAT MIT GEGRILLTEN FEIGEN, BALSAMICO-SIRUP

UND GERÖSTETEM OLIVENBROT

ZUBEREITUNGSZEIT: 15 Min.
GRILLZEIT: 3–4 Min.

180 ml Aceto balsamico

Für die Vinaigrette

1½ EL Himbeeressig
1½ TL Dijon-Senf (vorzugsweise mit Cassis)
½ TL Trüffelöl mit weißen Trüffeln
¼ TL grobes Meersalz
¼ TL frisch gemahlener schwarzer Pfeffer
60 ml Olivenöl

8 mittelgroße Feigen, Stiele entfernt,
    längs halbiert
4 Scheiben Olivenbrot, je etwa 12 x 8 cm groß
    und 1,5 cm dick
Öl
grobes Meersalz
180 g zarte grüne Salatblätter oder Feldsalat

1. In einem kleinen Topf den Aceto balsamico etwa 10 Min. sanft köcheln lassen, bis er sirupartig eingekocht ist, dabei gelegentlich umrühren. Bis zum Servieren bei Raumtemperatur beiseitestellen.

2. Den Grill für direkte mittlere Hitze (175–230 °C) vorbereiten (siehe Seite 10–11).

3. Für die Vinaigrette in einer großen Schüssel Himbeeressig, Senf, Trüffelöl, Salz und Pfeffer mit einem Schneebesen verrühren. In dünnem Strahl das Olivenöl darunterschlagen, bis es cremig bindet.

4. Die Schnittflächen der Feigen und beide Seiten der Brotscheiben dünn mit Öl bestreichen. Die Feigen nur ganz leicht salzen.

5. Den Grillrost mit der Bürste reinigen. Die Feigen mit der Schnittfläche nach unten über *direkter mittlerer Hitze* bei geöffnetem Deckel und ohne zu wenden 2–3 Min. grillen, bis sie goldbraun sind. Die Feigen auf einer Servierplatte beiseitestellen. Anschließend das Brot über *direkter mittlerer Hitze* bei geöffnetem Deckel etwa 1 Min. rösten und dabei einmal wenden.

6. Vinaigrette nochmals kurz aufschlagen, Salatblätter zufügen und behutsam, aber sorgfältig unterheben. Auf einzelnen Serviertellern anrichten, je 4 Feigenhälften daraufsetzen und die Feigen mit Balsamico-Sirup beträufeln. Mit den gerösteten Brotscheiben servieren.

FÜR 4 PERSONEN ALS VORSPEISE

GEFÜLLTE STEINPILZE

ZUBEREITUNGSZEIT: 20 Min.
GRILLZEIT: etwa 8 Min.

6 frische große Steinpilze (etwa 10 cm Ø),
   geputzt
Olivenöl
3 große Schalotten, fein gewürfelt
60 g Pinienkerne, grob gehackt
2 EL zerdrückter Knoblauch
4 EL fein gehackte glatte Petersilienblätter
85 g Manchego (spanischer Hartkäse aus
   Schafmilch), in kleine Würfel geschnitten
grobes Meersalz
frisch gemahlener schwarzer Pfeffer

TIPP!

Sie können die Steinpilze auch durch Riesenchampignons (Portobello) ersetzen, die ebenfalls einen Durchmesser von 10 cm haben sollten. Vor dem Grillen die dunklen Lamellen mit einem Löffel vorsichtig entfernen.

1. Den Grill für direkte und indirekte mittlere Hitze (175–230 ºC) vorbereiten (siehe Seite 10–11).

2. Die Stiele der Steinpilze abschneiden und fein hacken. 3 EL Öl in einer mittelgroßen Pfanne auf mittlerer Stufe erhitzen. Pilzstiele, Schalotten und Pinienkerne darin in 3–4 Min. weich und goldgelb braten, dabei häufig umrühren. Knoblauch dazugeben und 30–60 Sek. bei reduzierter Hitze (damit er nicht verbrennt) mitgaren. Die Mischung in eine mittelgroße Schüssel füllen und mit Petersilie, Käse, ¾ TL Salz und ½ TL Pfeffer vermengen.

3. Die Pilze von innen und außen mit Öl einpinseln, leicht salzen und pfeffern. Jeweils mit der Lamellenseite nach unten über *direkter mittlerer Hitze* bei geschlossenem Deckel etwa 4 Min. grillen, bis sie leicht gebräunt sind. Die Pilze wenden und über *indirekte mittlere Hitze* legen. Die Pilzhüte gleichmäßig mit je 3 EL der Petersilien-Käse-Masse füllen. Den Deckel wieder schließen und die Pilze weitere 4 Min. grillen, bis die Käsewürfel weich werden und zu schmelzen beginnen. Die gefüllten Pilze vom Grill nehmen und sofort servieren.

FÜR 6 PERSONEN ALS VORSPEISE

AUBERGINENRÖLLCHEN
MIT RICOTTA-FETA-FÜLLUNG UND ZAZIKI

ZUBEREITUNGSZEIT: 20 Min.
GRILLZEIT: 18–20 Min.
ZUBEHÖR: gelochte Grillpfanne

Für das Zaziki

¼ Salatgurke (etwa 100 g), geschält,
   entkernt, fein gerieben
175 g griechischer Naturjoghurt (2 %)
1 TL zerdrückter Knoblauch
½ TL Weißweinessig
¼ TL grobes Meersalz
1 kräftige Prise gemahlener weißer Pfeffer

Für die Würzmischung

½ TL grobes Meersalz
¼ TL frisch gemahlener schwarzer Pfeffer
¼ TL getrockneter Oregano

2 ovale Auberginen (je etwa 500 g),
   die Enden abgeschnitten
Olivenöl

Für die Füllung

375 g Ricotta (40 %; keinen fettarmen
   Ricotta verwenden)
175 g Feta, zerbröckelt
1½ EL fein gehackte glatte Petersilienblätter
¼ TL frisch geriebene Muskatnuss
2 Eigelb (Größe L)

4 Eiertomaten, Stielansatz und Kerne entfernt,
   fein gewürfelt
4 EL geröstete Pinienkerne

1. Für das Zaziki die Gurke in einem feinmaschigen Sieb über einer Schüssel 10 Min. abtropfen lassen. In einer mittelgroßen Schüssel mit den restlichen Zutaten verrühren. Abschmecken und bei Bedarf nachsalzen. Beiseitestellen.

2. Den Grill für direkte und indirekte mittlere Hitze (175–230 °C) vorbereiten (siehe Seite 10–11).

3. Die Zutaten für die Würzmischung in einer kleinen Schüssel vermengen. Auberginen längs in 1 cm dicke Scheiben schneiden (es sollten insgesamt zwölf Scheiben sein). In eine Auflaufform geben, auf beiden Seiten großzügig mit Öl bestreichen und mit der Würzmischung bestreuen.

4. Den Grillrost mit der Bürste reinigen. Auberginen über *direkter mittlerer Hitze* bei geschlossenem Deckel 8–10 Min. grillen, bis sie leicht gebräunt und gerade weich sind, dabei ein- bis zweimal wenden. In der Zwischenzeit für die Füllung Ricotta, Feta, Petersilie, Muskat und Eigelbe in einer großen Schüssel glatt rühren.

5. Die gegrillten Auberginenscheiben auf einer Arbeitsfläche auslegen und 2 Min. abkühlen lassen. Auf das breitere Ende jeder Scheibe 2–2½ EL der Füllung setzen und die Scheiben aufrollen. Die Röllchen vorsichtig dicht an dicht aufrecht in die Grillpfanne setzen, die Pfanne über *indirekte mittlere Hitze* schieben und die Röllchen 10 Min. bei geschlossenem Deckel garen. Die Pfanne vom Grill nehmen. Auf jedes Röllchen etwas Zaziki geben, mit Tomaten und Pinienkernen garnieren und servieren.

FÜR 4 PERSONEN; FÜR 6 PERSONEN ALS VORSPEISE (ergibt 12 Röllchen)

BRUSCHETTA MIT KÜRBIS, SPARGEL
UND BLAUSCHIMMELKÄSE

ZUBEREITUNGSZEIT: 30 Min.
GRILLZEIT: 13–16 Min.

Für das Dressing

125 ml Olivenöl
60 ml Weißweinessig
1 kleine rote Zwiebel, fein gewürfelt
1 EL Dijon-Senf
2 TL fein gehackte Rosmarinnadeln
¼ TL grobes Meersalz
¼ TL frisch gemahlener schwarzer Pfeffer

1 Butternusskürbis, 20–25 cm lang
8 Stangen grüner Spargel
4 Scheiben von einem runden Sauerteigbrot (20 cm), je 1–1,5 cm dick
125 g Blauschimmelkäse, grob zerbröckelt

1. In einer mittelgroßen Schüssel die Zutaten für das Dressing mit einem Schneebesen verrühren.

2. Mit einem scharfen Messer die Enden des Kürbisses abschneiden. Mit einem Sparschäler die Schale entfernen. Das Kürbisfruchtfleisch quer in zwölf etwa 1 cm dicke Scheiben schneiden und von den Kernen befreien.

3. Die Kürbisscheiben in einem großen Topf mit kochendem Salzwasser 12–15 Min. garen, bis sie weich sind. Mit einem Schaumlöffel aus dem Wasser auf ein Backblech heben und etwa 10 Min. handwarm abkühlen lassen.

4. Den Grill für direkte mittlere Hitze (175–230 °C) vorbereiten (siehe Seite 10–11).

5. Die holzigen Enden der Spargelstangen entfernen. Dafür die Stangen einzeln am unteren Ende behutsam umbiegen, bis sie im unteren Drittel brechen, wo der zarte Teil der Stangen beginnt. Kürbis und Spargel großzügig mit Dressing bestreichen.

6. Den Grillrost mit der Bürste reinigen. Die Kürbisscheiben und Spargelstangen auf dem Rost über *direkter mittlerer Hitze* bei geschlossenem Deckel grillen, bis der Kürbis leicht gebräunt und der Spargel knackig-zart ist, dabei ein- bis zweimal wenden. Der Kürbis braucht 12–15 Min., der Spargel 6–8 Min. Das fertige Gemüse vom Grill nehmen. Spargelstangen in 2,5 cm große Stücke schneiden.

7. Die Brotscheiben auf beiden Seiten mit etwas Dressing bestreichen und nur auf einer Seite über *direkter mittlerer Hitze* bei geöffnetem Deckel etwa 1 Min. rösten. Die Brote mit der gerösteten Seite nach oben auf eine Arbeitsfläche legen, jeweils 3 Kürbisstücke daraufgeben und den Kürbis grob zerdrücken, sodass jede Brotscheibe vollständig von Kürbis bedeckt ist. Die Kürbisbrote mit Spargelstücken belegen, mit jeweils 2 EL Dressing beträufeln und mit dem Käse bestreuen. Die Bruschette über *direkter mittlerer Hitze* bei geschlossenem Deckel weitere 2–3 Min. grillen, bis der Käse weich wird. Vom Grill nehmen, die Brote halbieren und warm servieren.

FÜR 4 PERSONEN

BRUSCHETTA
MIT PILZRAGOUT

ZUBEREITUNGSZEIT: 20 Min.
GRILLZEIT: 2–3 Min.

Für das Pilzragout

350 g gemischte Pilze (z. B. braune und
  weiße Champignons, Portobello, Shiitake,
  Pfifferlinge)
2 EL Butter
2 EL Madeira (portugiesischer Likörwein)
2 EL Sahne
¼ TL grobes Meersalz
¼ TL frisch gemahlener schwarzer Pfeffer
¼ TL Zitronensaft

6 Scheiben rustikales Bauernbrot,
  je 1,5 cm dick
Olivenöl
12 kleine eingelegte Zwiebeln, der Länge
  nach in Streifen geschnitten (nach Belieben)
1½ EL gehackte glatte Petersilienblätter

1. Den Grill für direkte mittlere Hitze
(175–230 °C) vorbereiten (siehe Seite 10–11).

2. Die Pilze mit einem Pinsel reinigen und/
oder mit Küchenpapier abreiben. Harte Stiele
entfernen. Die Pilze in 0,5 cm dicke Scheiben
schneiden. Die Butter in einer schweren Sauté-
pfanne auf mittlerer Stufe zerlassen und die
Pilzscheiben 5–6 Min. pfannenrühren, bis sie
weich sind. Den Wein zugießen und auf hoher
Stufe unter Rühren vollständig verdampfen
lassen. Die Sahne zufügen und etwa 1–2 Min.
unterrühren, bis sie dicklich eingekocht ist. Die
Pfanne vom Herd nehmen und das Pilzragout
mit Salz, Pfeffer und Zitronensaft würzen.

3. Die Brotscheiben jeweils auf einer Seite großzügig mit Öl bestreichen. Den Grillrost mit der
Bürste reinigen. Die Scheiben mit der eingeölten
Seite nach unten über *direkter mittlerer Hitze*
bei geschlossenem Deckel 2–3 Min. grillen, anschließend mit der gerösteten Seite nach oben auf
eine Servierplatte legen, mit der Pilzmischung
und nach Belieben den Zwiebelstreifen belegen,
mit Petersilie bestreuen und sofort servieren.

FÜR 6 PERSONEN ALS VORSPEISE

Mit einem Messer die harten Stiele der
Pilze abschneiden.

CHEDDAR-SANDWICH-HAPPEN

ZUBEREITUNGSZEIT: 20 Min.
GRILLZEIT: 9–12 Min.
ZUBEHÖR: gusseiserne Pfanne (25 cm Ø)

1 Scheibe von 1 großen roten Zwiebel,
   1 cm dick
2 EL Butter, zerlassen
1½ EL Sahnemeerrettich
1½ EL körniger Senf
50 g pikanter weißer Cheddar, gerieben
50 g geräucherter Cheddar, gerieben
8 kleine Scheiben Roggenvollkornbrot
   oder Vollkorntoast, je etwa 9 x 5 cm groß
   und 1 cm dick
1 Handvoll Brunnenkresse

1. Den Grill für direkte mittlere Hitze (175–230 °C) vorbereiten (siehe Seite 10–11) und die Gusseisenpfanne vorheizen.

2. Die Zwiebelscheibe auf beiden Seiten dünn mit zerlassener Butter einpinseln und in der gusseisernen Pfanne über *direkter mittlerer Hitze* bei geschlossenem Deckel 5–6 Min. braten, bis sie knackig-zart ist, dabei einmal wenden. Auf ein Schneidbrett geben, kurz abkühlen lassen und grob würfeln.

3. In einer kleinen Schüssel Meerrettich und Senf vermischen. In einer zweiten kleinen Schüssel die beiden Käse vermengen.

4. Jeweils eine Seite der Brotscheiben großzügig mit zerlassener Butter bestreichen. Die Brote umdrehen und auf der zweiten Seite den Meerrettich-Senf verstreichen.

5. Auf vier Brotscheiben jeweils gegrillte Zwiebelwürfel, Käse und Brunnenkresse geben. Die belegten Scheiben mit einer unbelegten Scheibe (mit der Meerrettich-Senf-Seite nach unten) abdecken, anschließend die Sandwiche kräftig zusammendrücken.

6. Die Sandwiche in der gusseisernen Pfanne über *direkter mittlerer Hitze* bei geschlossenem Deckel 4–6 Min. grillen, bis der Käse geschmolzen und das Brot geröstet ist, dabei einmal wenden. Vom Grill nehmen und 2–3 Min. ruhen lassen. Die Sandwiche halbieren und warm servieren.

FÜR 4–6 PERONEN ALS VORSPEISE

PFANNKUCHEN
MIT FRÜHLINGSZWIEBELN UND CURRY-TOMATEN-SAUCE

ZUBEREITUNGSZEIT: 25 Min.
GRILLZEIT: etwa 8 Min.
ZUBEHÖR: gusseiserne Grill- oder Bratpfanne

Für die Sauce

1 Dose stückige Tomaten (420 g Inhalt),
  abgetropft
2 EL Olivenöl
1 EL Zitronensaft
¾ TL Currypulver
½ TL Zucker
¼ TL grobes Meersalz

4 Bund Frühlingszwiebeln (insgesamt
  etwa 450 g), 3 Bund grob gehackt,
  1 Bund fein gehackt
1 Ei (Größe L), leicht verquirlt
1 TL frisch geriebener Ingwer
1 TL Tamari- oder Sojasauce
65 g Mehl
½ TL grobes Meersalz
¼ TL frisch gemahlener schwarzer Pfeffer
Erdnussöl

1. In einem kleinen Topf die Zutaten für die Sauce vermischen und auf mittlerer Stufe etwa 5 Min. erhitzen, dabei gelegentlich umrühren. Vom Herd nehmen und zugedeckt warm halten.

2. Den Grill für direkte mittlere Hitze (175–230 ºC) vorbereiten (siehe Seite 10–11).

3. In einem mittelgroßen Topf die grob gehackten Frühlingszwiebeln in kochendem Wasser in etwa 5 Min. weich garen. In ein Sieb abgießen und unter kaltem Wasser abspülen. Abtropfen lassen, dann mit Küchenpapier überschüssiges Wasser leicht ausdrücken. Zwiebeln in den Becher des Mixers geben.

4. In einer großen Schüssel die Eier mit Ingwer, Tamari- oder Sojasauce und 2 EL Wasser verquirlen. Zu den Frühlingszwiebeln gießen und alles zu einem glatten Püree mixen, dabei anhaftende Reste an der Becherwand wieder in die Masse einarbeiten. Die Eimasse zurück in die große Schüssel geben. Mehl, Salz und Pfeffer unterrühren und alles zu einem glatten Pfannkuchenteig verarbeiten. Die fein gehackten Frühlingszwiebeln unterheben.

5. Den Grillrost mit der Bürste reinigen. Die gusseiserne Pfanne über *direkter mittlerer Hitze* 3–4 Min. vorheizen und mit Erdnussöl ausstreichen. Aus dem Teig nacheinander 8 runde, 1 cm dicke Pfannkuchen mit einem Durchmesser von 10 cm backen. Dafür die Pfannkuchen jeweils in der eingeölten Pfanne über *direkter mittlerer Hitze* bei geöffnetem Deckel 8 Min. backen, dabei einmal wenden, bis sie schön gebräunt sind und sich auf Druck fest anfühlen. Warm mit der Curry-Tomaten-Sauce servieren.

FÜR 4 PERSONEN ALS VORSPEISE

GEKÜHLTE GAZPACHO
MIT GEGRILLTEM GEMÜSE

ZUBEREITUNGSZEIT: **20 Min.**
KÜHLZEIT: **6–8 Std.**
GRILLZEIT: **3–8 Min.**

Für die Gazpacho

125 g altbackenes Baguette oder
Sauerteigbrot, die Kruste entfernt,
   in Stücke zerpflückt
700 ml Tomatensaft (Fertigprodukt)
75 ml Olivenöl
4 EL Tomatenmark
1 EL Sherry-Essig
1 EL Zitronensaft
5 große Knoblauchzehen, in feine Scheiben
   geschnitten
1 TL grobes Meersalz
¼ TL Cayennepfeffer

1 große rote oder gelbe Paprikaschote,
   in vier flache Stücke geschnitten
4 kleine Zucchini (vorzugsweise 2 grüne
   und 2 gelbe), längs in 0,5 cm dicke Scheiben
   geschnitten
Olivenöl
½ TL grobes Meersalz
¼ TL frisch gemahlener schwarzer Pfeffer

1. Die Brotstücke 10 Min. in einer großen Schüssel in kaltem Wasser einweichen, dabei ein- bis zweimal wenden, damit sie sich rundherum vollsaugen können. Herausnehmen und den Großteil des Wassers ausdrücken. Brot mit den restlichen Zutaten für die Gazpacho im Mixer glatt pürieren. Im Becher des Mixers abgedeckt 6–8 Std. kalt stellen.

2. Den Grill für direkte mittlere Hitze (175–230 °C) vorbereiten (siehe Seite 10–11).

3. Den Becher aus dem Kühlschrank nehmen, wieder im Mixer einsetzen und die Gazpacho noch einmal durchmixen.

4. Das gesamte Gemüse dünn mit Öl einpinseln und gleichmäßig salzen und pfeffern. Den Grillrost mit der Bürste reinigen. Das Gemüse über *direkter mittlerer Hitze* bei geschlossenem Deckel grillen, dabei ab und zu wenden, bis es knackig-zart und ein hübsches Grillmuster angenommen hat. Die Paprikastücke brauchen etwa 8 Min., die Zucchinischeiben 3–5 Min. Gemüse vom Grill nehmen und in 0,5 cm große Würfel schneiden. Die kalte Gazpacho direkt aus dem Mixbecher in Suppenschalen gießen und jede Portion mit Gemüsewürfeln bestreuen.

FÜR 6 PERSONEN

MISOSUPPE
MIT MAIS UND SHIITAKE-PILZEN

ZUBEREITUNGSZEIT: 20 Min.
GRILLZEIT: 6–8 Min.
ZUBEHÖR: gelochte Grillpfanne

1,2 l salzarme Gemüsebrühe
150 ml Mirin (süßer japanischer Reiswein),
   Sake (japanischer Reiswein) oder halbtrockener Sherry (nach Belieben)
4½ EL helles Miso (Shiro Miso;
   milde japanische Sojabohnenpaste)

5½ EL Erdnussöl
fein abgeriebene Schale von 1 Bio-Limette
1½ EL Limettensaft
1½ TL Tamari- oder salzarme Sojasauce

2 TL zerdrückter Knoblauch
2 TL fein gehackter frischer Ingwer
225 g Shiitake-Pilze, geputzt, Stiele entfernt,
   in 1 cm dicke Scheiben geschnitten

200 g frische Maiskörner (von etwa 2 Maiskolben) oder TK-Maiskörner, aufgetaut
2 EL Schnittlauchröllchen

1. Den Grill für direkte mittlere Hitze (175–230 ºC) vorbereiten (siehe Seite 10–11) und die Grillpfanne vorheizen.

2. In einem mittelgroßen Topf Brühe und Mirin auf mittlerer bis kleiner Stufe knapp bis zum Siedepunkt erhitzen, dann vom Herd nehmen. In einer kleinen Schüssel die Misopaste mit 75 ml heißer Brühe glatt rühren.

3. In einer zweiten kleinen Schüssel 3 EL Erdnussöl mit der Limettenschale, dem -saft und Tamari verrühren. Das aromatisierte Öl wird später zum Beträufeln der Suppe verwendet.

4. In einer mittelgroßen Schüssel Knoblauch, Ingwer und die restlichen 2½ EL Erdnussöl mit dem Schneebesen verrühren. Die Pilze hinzufügen und darin wenden, sodass alle gut von Öl überzogen sind. Pilze in einer Lage in der Grillpfanne verteilen und über *direkter mittlerer* Hitze bei geschlossenem Deckel 6–8 Min. grillen, dabei alle 2 Min. wenden, bis sie goldbraun und weich sind. Die Pfanne mit Grillhandschuhen auf eine hitzefeste Unterlage stellen.

5. Den Topf mit der Brühe auf mittlerer Stufe zurück auf den Herd stellen und die Maiskörner hinzufügen. Brühe bis zum Siedepunkt erhitzen, aber nicht köcheln lassen, bis der Mais durch und durch heiß ist. Die glatt gerührte Misopaste und die Pilze hinzufügen, gut umrühren.

6. Misosuppe in Suppenschalen schöpfen, dabei Mais und Pilze gleichmäßig verteilen. Tamari-Limetten-Öl noch einmal durchrühren, die Suppe in den Schalen jeweils damit beträufeln und mit Schnittlauchröllchen bestreuen.

28

FÜR 4 PERSONEN

GEGRILLTE ROTE BETE
AUF FRISÉESALAT MIT ZIEGENKÄSE UND HASELNÜSSEN

ZUBEREITUNGSZEIT: **25 Min.**
GRILLZEIT: **12–15 Min.**

Für die Vinaigrette

fein abgeriebene Schale und Saft von
    1 mittelgroßen Bio-Orange
3 EL fein gewürfelte Schalotten
2 EL Aceto balsamico
2 EL Olivenöl
2 EL Walnussöl
½ TL grobes Meersalz
½ TL gemahlener Koriander (nach Belieben)
1 kräftige Prise frisch gemahlener
    schwarzer Pfeffer

6 große Rote Beten, die Enden entfernt,
    geschält, quer in 1–1,5 cm große Scheiben
    geschnitten
1 kleiner Kopf Friséesalat, Blätter zerpflückt
120–180 g Ziegenfrischkäse, zerbröckelt
100 g Haselnusskerne, geröstet, grob gehackt

1. Den Grill für direkte mittlere Hitze (175–230 °C) vorbereiten (siehe Seite 10–11).

2. In einer großen Schüssel die Zutaten für die Vinaigrette mit einem Schneebesen verrühren. Rote-Bete-Scheiben auf beiden Seiten mit etwas Vinaigrette bepinseln.

3. Den Grillrost mit der Bürste reinigen. Die Rote-Bete-Scheiben über *direkter mittlerer Hitze* bei geschlossenem Deckel 12–15 Min. grillen, bis sie weich sind, dabei gelegentlich wenden und bei Bedarf umplatzieren, damit sie nicht zu braun werden. Vom Grill nehmen.

4. Salatblätter, Ziegenkäse (nehmen Sie 120 g Käse für 4 Personen als Hauptgericht und 180 g, wenn Sie dieses Rezept als Vorspeise zubereiten) und die Hälfte der Haselnüsse in der großen Schüssel mit der Vinaigrette anmachen. Den Salat auf Serviertellern anrichten und jeweils ein paar Rote-Bete-Scheiben daraufsetzen. Mit den restlichen Haselnüssen bestreuen und sofort servieren.

FÜR **4** PERSONEN;
FÜR **8** PERSONEN ALS VORSPEISE

TIPP!

Tragen Sie beim Schälen von Roter Bete Gummihandschuhe, damit sich Ihre Hände nicht verfärben.

SALAT AUS GEGRILLTEM MAIS
MIT KICHERERBSEN UND TOMATEN

ZUBEREITUNGSZEIT: 20 Min.
GRILLZEIT: 10–15 Min.

Für das Dressing

125 ml Olivenöl
2 EL Limettensaft
2 EL fein gehackte glatte Petersilienblätter
2 TL zerdrückter Knoblauch
¾ TL grobes Meersalz
½ TL gemahlener Kreuzkümmel
½ TL scharfe Chilisauce
¼ TL Chipotle-Chilipulver
¼ TL frisch gemahlener schwarzer Pfeffer

4 Maiskolben, ohne Hüllblätter
2 Dosen Kichererbsen (je 420 g Inhalt),
   abgespült und gut abgetropft
700 g Eiertomaten, Stielansatz und Kerne
   entfernt, in 0,5 cm große Würfel geschnitten
2 EL fein gehackte Dillspitzen
2 EL Schnittlauchröllchen
125 g Ziegenfrischkäse, zerbröckelt

1. Den Grill für direkte mittlere Hitze (175–230 ºC) vorbereiten (siehe Seite 10–11).

2. Für das Dressing die Zutaten in einer großen, tiefen Servierschüssel verrühren. Die Maiskolben mit etwas Dressing bestreichen.

3. Kichererbsen, Tomaten, Dill und Schnittlauch in die Schüssel zum Dressing geben und vermischen. Beiseitestellen.

4. Den Grillrost mit der Bürste reinigen. Maiskolben über *direkter mittlerer Hitze* bei geschlossenem Deckel 10–15 Min. grillen, bis sie weich und stellenweise gebräunt sind, dabei ab und zu wenden. Vom Grill nehmen, handwarm abkühlen lassen, anschließend die Maiskörner von den Kolben schneiden und in die Schüssel zu den anderen Zutaten geben. Durchmischen, den Käse unterheben und sofort servieren.

FÜR 6 PERSONEN;
FÜR 8 PERSONEN ALS BEILAGE

COUSCOUSSALAT
MIT OLIVEN UND KRÄUTERDRESSING

ZUBEREITUNGSZEIT: 30 Min.
GRILLZEIT: 6–8 Min.

Für das Dressing
4 EL Olivenöl
2 EL fein gehackte Basilikumblätter
2 EL fein gehackte Korianderblätter
2 EL fein gehackte Minzeblätter
1 EL fein abgeriebene Schale von 1 Bio-Zitrone
2 EL Zitronensaft

½ TL gemahlene Kurkuma
grobes Meersalz
175 g Instant-Couscous

1 TL zerdrückter Knoblauch
3 EL Olivenöl

1 große rote Paprikaschote (etwa 200 g),
   in vier flache Stücke geschnitten
1 ovale Aubergine (etwa 450 g), quer in 1 cm
   dicke Scheiben geschnitten
2 Zucchini (etwa 350 g), die Enden
   abgeschnitten, längs halbiert
1 Handvoll entsteinte Kalamata-Oliven,
   halbiert
frisch gemahlener schwarzer Pfeffer
35 g geröstete und gesalzene Pistazienkerne,
   gehackt

1. In einer mittelgroßen Schüssel die Zutaten für das Dressing verrühren.

2. In einem mittelgroßen schweren Topf 300 ml Wasser mit Kurkuma und 1 TL Salz aufkochen. Den Couscous einrühren, einen Deckel auflegen und den Topf vom Herd nehmen. Den Couscous etwa 5 Min. quellen lassen, bis er das gesamte Wasser aufgenommen hat. Couscous mit einer Gabel auflockern. In eine große Schüssel umfüllen und mit dem Dressing vermischen. Beiseitestellen.

3. Den Grill für direkte mittlere Hitze (175–230 °C) vorbereiten (siehe Seite 10–11).

4. In einer kleinen Schüssel Knoblauch und Öl verrühren.

5. Paprikastücke, Auberginenscheiben und Zucchinihälften dünn mit dem Knoblauchöl bestreichen. Den Grillrost mit der Bürste reinigen. Das Gemüse über *direkter mittlerer Hitze* bei geschlossenem Deckel 6–8 Min. grillen, dabei ein- bis zweimal wenden, bis die Paprika schön gebräunt ist und ihre Haut stellenweise Blasen wirft und die Aubergine und Zucchini knackig-zart sind. Vom Grill nehmen und abkühlen lassen. Das Gemüse in 1 cm große Stücke schneiden.

6. Gemüsestücke und Oliven in die Schüssel zum Couscous geben, mit Salz und Pfeffer würzen und durchmischen. Den Salat mit Pistazien bestreuen und warm oder abgekühlt servieren.

FÜR 4 PERSONEN

GRIECHISCHER NUDELSALAT
MIT KICHERERBSEN, GEGRILLTER PAPRIKA UND FETACREME

ZUBEREITUNGSZEIT: 25 Min.
GRILLZEIT: 10–15 Min.

1 EL und ½ TL grobes Meersalz
450 g Orzo oder Kritharaki
    (griechische Nudeln in Reiskornform)
    oder andere kleine Nudeln
75 ml und 2 EL Olivenöl
2 EL Sherry-Essig
¼ TL frisch gemahlener schwarzer Pfeffer
1 Dose Kichererbsen (420 g Inhalt),
    abgespült und gut abgetropft
100 g kleine schwarze Oliven (z. B. Kalamata),
    entsteint, grob gehackt
225 g Feta, raumtemperiert
1 TL fein gehackte Minzeblätter
1 kleine Knoblauchzehe, zerdrückt
1 kräftige Prise zerstoßene rote Chiliflocken

6 große Paprikaschoten (rote, gelbe, grüne,
    orange oder eine Mischung davon)
3 EL grob gehackte Minzeblätter

TIPP!

Sollte der Feta sehr salzig sein, reduzieren Sie die Salzmenge für den Nudelsalat. Sollten die Oliven sehr salzig sein, benötigen Sie für den Salat gegebenenfalls auch gar kein Salz.

1. In einem großen Topf Wasser aufkochen, 1 EL Salz hinzufügen und die Nudeln darin in etwa 9 Min. bissfest garen. In ein Sieb abgießen, unter kaltem Wasser abspülen und abtropfen lassen. In eine große Schüssel umfüllen und sofort mit 75 ml Olivenöl, Essig und ½ TL Salz vermischen. Die Kichererbsen und Oliven unterheben.

2. In der Küchenmaschine den Feta mit 2 EL Olivenöl, den fein gehackten Minzeblättern, Knoblauch und Chiliflocken weich und cremig pürieren. Die Fetacreme in der großen Schüssel mit den Nudeln vermengen und bei Raumtemperatur durchziehen lassen. Inzwischen die Paprikaschoten (fürs Grillen) vorbereiten.

3. Den Grill für direkte starke Hitze (230–290 ºC) vorbereiten (siehe Seite 10–11).

4. Mit einem scharfen Messer die Enden der Paprikaschoten wie einen Deckel abschneiden. Die Schoten jeweils auf einer Seite senkrecht durchschneiden und zu einem langen Streifen auslegen, Trennhäute und Samen entfernen (siehe auch Seite 14).

5. Den Grillrost mit der Bürste reinigen. Die Paprikastreifen mit der Hautseite nach unten über *direkter starker Hitze* bei geschlossenem Deckel 6–8 Min. grillen, bis die Haut schwarz ist und Blasen wirft. Nicht wenden. Die Paprikastreifen in eine Schüssel legen, mit Frischhaltefolie abdecken und 5–10 Min. ausdampfen lassen. Die verkohlte Haut der Schoten abziehen. Paprikastreifen in 1,5–2,5 cm große Stücke schneiden und unter den Nudelsalat heben. Den Salat mit den Minzeblättern bestreuen und abgekühlt servieren.

FÜR 10–12 PERSONEN

EMMER-SALAT
MIT GEGRILLTER PAPRIKA UND CANNELLINI-BOHNEN

ZUBEREITUNGSZEIT: 15 Min.
RUHEZEIT: 45–50 Min.
GRILLZEIT: 6–8 Min.

200 g Emmer-Weizenkörner (vorzugsweise geschält; Reformhaus oder Bio-Laden), abgespült

3 große rote Paprikaschoten

2 Dosen Cannellini-Bohnen (je 450 g Inhalt), abgespült und abgetropft

250 g Feta, zerbröckelt

120 g kleine schwarze Oliven (vorzugsweise Olives niçoises), entsteint, halbiert

60 ml Olivenöl

2 EL Rotweinessig

2 EL grob gehackte Minzeblätter

4 TL fein gehackte Oreganoblätter

½ TL grobes Meersalz

¼ TL frisch gemahlener schwarzer Pfeffer

TIPP!

Statt der seltenen Weizenart Emmer können Sie auch Bulgur verwenden: 180 g Bulgur in einer hitzefesten Schüssel mit 500 ml kochendem Wasser übergießen und 30 Min. quellen lassen. Anschließend mit einer Gabel auflockern.

1. In einem großen Topf die Weizenkörner mit kaltem Wasser bedecken (etwa 5 cm hoch) und das Wasser auf hoher Stufe aufkochen. Die Hitze reduzieren und den Weizen 5 Min. köcheln lassen, dabei den sich bildenden Schaum abschöpfen. Den Topf vom Herd nehmen und die ungeschälten Weizenkörner im offenen Topf etwa 45–50 Min. ausquellen lassen, sie sollten danach rund und bissfest sein (geschälter Emmer ist schneller gar, machen Sie die Garprobe bereits nach 35 Min.). In ein Sieb abgießen und durch Schwenken des Siebs gründlich abtropfen lassen.

2. Den Grill für direkte starke Hitze (230–290 °C) vorbereiten (siehe Seite 10–11).

3. Mit einem scharfen Messer die Enden der Paprikaschoten wie einen Deckel abschneiden. Die Schoten jeweils auf einer Seite senkrecht durchschneiden und zu einem langen Streifen auslegen, Trennhäute und Samen entfernen (siehe auch Seite 14).

4. Den Grillrost mit der Bürste reinigen. Die Paprikastreifen mit der glatten Hautseite nach unten über *direkter starker Hitze* bei geschlossenem Deckel 6–8 Min. grillen, bis die Haut schwarz ist und Blasen wirft. Nicht wenden. Paprika in eine große Schüssel geben, mit Frischhaltefolie abdecken und 5–10 Min. ausdampfen lassen. Aus der Schüssel nehmen, die verkohlte Haut der Paprika abziehen, das Fruchtfleisch in mundgerechte Stücke schneiden.

5. Alle Salatzutaten in eine große Servierschüssel geben und gründlich vermischen. Abgekühlt servieren.

FÜR 4 PERSONEN

SALAT MIT AUGENBOHNEN
UND OKRASCHOTEN

ZUBEREITUNGSZEIT: 30 Min.
GRILLZEIT: 12–16 Min.
ZUBEHÖR: gelochte Grillpfanne

Für die Vinaigrette

4 EL Weißweinessig
2 EL Dijon-Senf
1½ EL fein gehackte Thymianblätter
1 TL getrockneter Thymian, fein zerstoßen
1 TL zerdrückter Knoblauch
½ TL grobes Meersalz
¼ TL frisch gemahlener schwarzer Pfeffer
180 ml Olivenöl

2 Dosen schwarze Augenbohnen
(je 420 g Inhalt), abgespült und abgetropft
125 g rote Zwiebeln, gewürfelt
350 g frische Okraschoten
250 g TK-Artischockenherzen, aufgetaut,
  geviertelt
300 g Dattel- oder Cocktailtomaten

TIPP!

Der Salat schmeckt umso besser, je länger er Zeit zum Ziehen hat.

38

1. Den Grill für direkte mittlere Hitze (175–230 °C) vorbereiten (siehe Seite 10–11) und die Grillpfanne vorheizen.

2. In einer mittelgroßen Schüssel die Zutaten für die Vinaigrette bis auf das Öl verrühren, anschließend das Öl in dünnem Strahl unterschlagen, bis die Vinaigrette cremig wird.

3. Augenbohnen und Zwiebelwürfel in einer großen Schüssel vermengen und mit 80 ml Vinaigrette anmachen. Beiseitestellen.

4. In einer zweiten großen Schüssel die Okraschoten mit 3 EL Vinaigrette vermischen. Die Schoten in einer Lage in der Grillpfanne verteilen und über *direkter mittlerer Hitze* bei geschlossenem Deckel 8–10 Min. grillen, bis sie leicht gebräunt und weich sind. Gelegentlich wenden. Okraschoten direkt aus der Pfanne auf ein Schneidbrett geben und abkühlen lassen. Grillpfanne über direkte Hitze stehen lassen.

5. Artischocken und Tomaten in die Schüssel geben, in der die Okraschoten waren, und mit 1 EL Vinaigrette vermischen. In einer Lage in der Grillpfanne verteilen und über *direkter mittlerer Hitze* bei geschlossenem Deckel 4–6 Min. grillen, bis sie weich und schön gebräunt sind, dabei ein- bis zweimal wenden. Grillpfanne auf eine hitzfeste Unterlage stellen.

6. Die Okraschoten quer in 1 cm große Stücke schneiden, dabei die Spitzen der Schoten entfernen. Okraschoten mit den Bohnen vermengen, Artischocken und Tomaten unterheben und den Salat mit der restlichen Vinaigrette anmachen. Warm oder abgekühlt servieren.

FÜR 6–8 PERSONEN

MEXIKANISCHER REISSALAT
MIT MAIS, CHILIS UND TOMATEN

ZUBEREITUNGSZEIT: 30 Min.
GRILLZEIT: 19–23 Min.
ZUBEHÖR: gelochte Grillpfanne

Für das Dressing

60 ml Limettensaft (Saft von 2–3 Limetten)
2 TL zerdrückter Knoblauch
1 TL gemahlener Kreuzkümmel
grobes Meersalz
frisch gemahlener schwarzer Pfeffer
Olivenöl

3 Maiskolben, ohne Hüllblätter
2 große Chilischoten (vorzugsweise Poblano),
    jeweils halbiert, Stielansatz, Trennwände
    und Samen entfernt
300 g kleine aromatische Tomaten in
    verschiedenen Farben
    (vorzugsweise die Sorte Heirloom)
200 g Frühlingszwiebeln, nur die weißen
    und hellgrünen Teile fein gehackt
1 Avocado, das Fruchtfleisch gewürfelt
50 g mexikanischer Cotija-Käse
    (ersatzweise Feta), zerbröckelt
½ Bund Koriandergrün, die Blätter fein
    gehackt
500 g gegarter Langkornreis
    (etwa 150 g roher Reis)
35 g geröstete, gesalzene Kürbiskerne

1. In einer mittelgroßen Schüssel den Limettensaft mit Knoblauch, Kreuzkümmel und je ½ TL Salz und Pfeffer verrühren. 125 ml Öl in dünnem Strahl unterschlagen, bis es cremig bindet.

2. Den Grill für direkte mittlere Hitze (175–230 °C) vorbereiten (siehe Seite 10–11).

3. Maiskolben und Chilischoten rundherum mit Öl einpinseln. Maiskolben mit Salz und Pfeffer würzen. Den Grillrost mit der Bürste reinigen. Maiskolben und Schoten (mit der Hautseite nach unten) über *direkter mittlerer Hitze* bei geschlossenem Deckel 12–15 Min. grillen, bis der Mais weich und stellenweise gebräunt und die Haut der Chilis verkohlt ist, dabei nur den Mais ab und zu wenden. Vom Grill nehmen. Die Grillpfanne zum Vorheizen auf den Rost stellen.

4. In einer großen Schüssel die Tomaten mit 1 EL Öl und je ¼ TL Salz und Pfeffer vermischen. Tomaten in einer Lage in der Grillpfanne verteilen und über *direkter mittlerer Hitze* bei geöffnetem Deckel 7–8 Min. grillen, dabei häufig durchrühren, bis sie ein wenig gebräunt sind und eben weich werden. Die Grillpfanne vom Rost nehmen. Tomaten zurück in die große Schüssel füllen.

5. Die Maiskörner von den Kolben schneiden und zu den Tomaten geben. Die verkohlte Haut der Chilischoten entfernen, das Fruchtfleisch grob zerkleinern. Chilis, Frühlingszwiebeln, Avocado, Käse, Koriander und den gegarten Reis mit den Tomaten und Maiskörner vermischen. Den Salat mit so viel Dressing anmachen, dass alle Zutaten gut davon überzogen sind. Mit Salz und Pfeffer abschmecken. Den Salat mit Kürbiskernen bestreut sofort servieren.

FÜR 6–8 PERSONEN

WARMER FENCHELSALAT
MIT TOMATEN, RUCOLA UND ANIS-VINAIGRETTE

ZUBEREITUNGSZEIT: 20 Min.
GRILLZEIT: 8–12 Min.
ZUBEHÖR: gelochte Grillpfanne

2 große Fenchelknollen, die Enden entfernt
1 große milde Zwiebel, quer in 1 cm breite
    Scheiben geschnitten
Olivenöl
1 TL grobes Meersalz
½ TL frisch gemahlener schwarzer Pfeffer

Für die Vinaigrette
2 EL Weißweinessig
1 EL Anislikör (Pastis oder Anisette
    oder Ouzo)
1½ TL Dijon-Senf
2 TL fein gewürfelte Schalotte

300 g rote und gelbe Cocktailtomaten, halbiert
1 Handvoll zarte Rucolablätter, grob gehackt
75 g Kürbiskerne, goldgelb geröstet

1. Den Grill für direkte mittlere Hitze (175–230 °C) vorbereiten (siehe Seite 10–11) und die Grillpfanne vorheizen.

2. Die Fenchelknollen der Länge nach vierteln und den Großteil des harten keilförmigen Strunks herausschneiden. Die Viertel jeweils in zwölf Spalten schneiden. Fenchelspalten und Zwiebelscheiben auf beiden Seiten mit Öl bestreichen und gleichmäßig mit insgesamt ½ TL Salz und ¼ TL Pfeffer würzen.

3. Den Grillrost mit der Bürste reinigen. Fenchel und Zwiebeln in einer Lage in der Grillpfanne verteilen und über *direkter mittlerer Hitze* bei geschlossenem Deckel 8–12 Min. grillen, bis sie knackig-zart sind, dabei ein- bis zweimal wenden. Inzwischen die Vinaigrette zubereiten.

4. In einer großen Schüssel Essig, Anislikör, Senf, Schalotte, ½ TL Salz, ¼ TL Pfeffer und 125 ml Öl mit dem Schneebesen verrühren. Die Tomaten darin einlegen.

5. Fenchel und Zwiebel vom Grill nehmen. Die Fenchelspalten vom restlichen Strunk befreien, sodass sie in einzelne Streifen auseinanderfallen, die Zwiebel grob würfeln. Fenchel, Zwiebel, Rucola und geröstete Kürbiskerne in die Schüssel zu den Tomaten geben und sorgfältig durchmischen, damit sich die Vinaigrette gleichmäßig verteilt. Sofort servieren.

FÜR 4 PERSONEN;
FÜR 6 PERSONEN ALS BEILAGE

40

SALAT MIT GEGRILLTEM OLIVENBROT, PINIENKERNEN
UND JOHANNISBEEREN

ZUBEREITUNGSZEIT: 30 Min.
GRILLZEIT: 3–5 Min.
ZUBEHÖR: gelochte Grillpfanne

Für die Vinaigrette

125 ml Olivenöl
2 EL Aceto balsamico
2 EL Dijon-Senf
2 EL Weißwein
1 frisches Eigelb
1 TL zerdrückter Knoblauch
½ TL grobes Meersalz
¼ TL frisch gemahlener schwarzer Pfeffer

100 g rote Zwiebeln,
    in feine Scheiben geschnitten

75 ml Olivenöl
2 EL Butter, zerlassen
¼ TL grobes Meersalz
1 kräftige Prise frisch gemahlener
    schwarzer Pfeffer
1 Olivenbrot (400–450 g), die Kruste entfernt
    (nach Belieben), in 2,5 cm große Würfel
    geschnitten

100 g gemischter feiner Blattsalat
    (Fertigprodukt aus der Kühltheke)
100 g Pinienkerne, goldgelb geröstet,
    grob gehackt
100 g Johannisbeeren
1 kleiner Radicchio, geviertelt, den Strunk
    entfernt, Blätter zerpflückt

1. Die Zutaten für die Vinaigrette im Mixer glatt rühren. In eine kleine Schüssel umfüllen, die Zwiebel unterrühren und kalt stellen.

2. Den Grill für direkte mittlere Hitze (175–230 °C) vorbereiten (siehe Seite 10–11) und die Grillpfanne vorheizen. Eine große Schüssel und Teller kalt stellen.

3. In einer zweiten großen Schüssel Öl, Butter, Salz und Pfeffer verrühren. Die Brotwürfel dazugeben und gründlich in der Mischung wenden. Brot in einer Lage in der Grillpfanne verteilen und über *direkter mittlerer Hitze* bei geschlossenem Deckel 3–5 Min. grillen, dabei ab und zu wenden, bis das Brot auf allen Seiten knusprig und goldgelb ist. Die Pfanne vom Grill nehmen und das Brot bis zu 15 Min. abkühlen lassen.

4. In der gekühlten großen Schüssel Brotwürfel, Blattsalate, Pinienkerne, Johannisbeeren und Radicchioblätter vermischen. Mit so viel Vinaigrette anmachen, dass der Salat davon überzogen ist. Behutsam durchmischen und 2 Min. ziehen lassen. Die Brotwürfel sollten durch die Vinaigrette außen ein wenig weicher werden. Nochmals durchmischen und den Salat auf den kalten Tellern jeweils hoch auftürmen. Mit der restlichen Vinaigrette servieren.

FÜR 4–6 PERSONEN

RATATOUILLE
MIT ZITRONENWÜRZIGEM COUSCOUS

ZUBEREITUNGSZEIT: 35 Min.
GRILLZEIT: 22–29 Min.
**ZUBEHÖR: gusseiserne Pfanne
(28–30 cm Ø), Kartoffelstampfer**

300 ml Gemüsebrühe
Olivenöl
1 EL Weißweinessig
175 g Instant-Couscous
1 mittelgroße Schalotte, fein gewürfelt
1 TL fein abgeriebene Bio-Zitronenschale
2 TL Zitronensaft
2 EL fein gehackte glatte Petersilienblätter
grobes Meersalz
frisch gemahlener schwarzer Pfeffer

1 EL zerdrückter Knoblauch
2 TL Tomatenmark
¼ TL getrockneter Thymian
1 kräftige Prise zerstoßene rote Chiliflocken

1 kleine Zwiebel, quer in 1 cm dicke Scheiben
  geschnitten
1 mittelgroße gelbe Paprikaschote,
  in vier flache Stücke geschnitten
1 kleine schlanke Aubergine, längs in
  0,5 cm dicke Scheiben geschnitten
2 mittelgroße grüne Zucchini, längs in
  0,5 cm dicke Scheiben geschnitten
2 Eiertomaten, Stielansatz entfernt,
  längs halbiert, Kerne entfernt

1. In einem mittelgroßen Topf die Brühe mit 2 EL Öl und dem Essig auf hoher Stufe zum Kochen bringen, anschließend den Topf vom Herd nehmen. Den Couscous unter Rühren einrieseln lassen, den Topf verschließen und den Couscous 5 Min. quellen lassen. Mit einer Gabel auflockern, anschließend Schalotte, Zitronenschale und -saft, Petersilie, ½ TL Salz und ¼ TL Pfeffer unterziehen. Bis zu 1 Std. ruhen lassen oder abgedeckt bis zu 3 Std. in den Kühlschrank stellen. Vor dem Servieren wieder Raumtemperatur annehmen lassen und erneut mit einer Gabel auflockern.

2. Den Grill für direkte und indirekte mittlere Hitze (175–230 °C) vorbereiten (siehe Seite 10–11).

3. In die gusseiserne Pfanne 3 EL Öl, Knoblauch, Tomatenmark, Thymian, Chiliflocken, ¼ TL Salz und ¼ TL Pfeffer geben und die Pfanne beiseitestellen.

4. Das gesamte Gemüse auf beiden Seiten dünn mit Öl bestreichen und gleichmäßig salzen und pfeffern. Den Grillrost mit der Bürste reinigen. Die Gemüsescheiben außer den Tomaten (gegebenenfalls portionsweise) über *direkter mittlerer Hitze* bei geschlossenem Deckel grillen, bis sie leicht gebräunt, aber noch nicht knackig-zart sind, dabei gelegentlich wenden. Das Gemüse nicht übergaren. Die Zwiebelscheiben brauchen 6–8 Min., Paprika und Aubergine 4–6 Min., die Zucchini 2–3 Min. Die gegrillten Gemüsescheiben auf ein Schneidbrett geben und in 1–1,5 cm große Würfel schneiden.

5. Die Tomatenhälften mit der Schnittfläche nach unten über *direkter mittlerer Hitze* bei geschlossenem Deckel etwa 3 Min. grillen, bis die Haut schrumpelig wird. Vom Grill nehmen, die Haut der Tomaten abziehen. Das Tomatenfruchtfleisch zu den anderen Zutaten in die gusseiserne Pfanne geben und mit dem Kartoffelstampfer alles gut vermischen.

6. Die Pfanne über *direkte mittlere Hitze* stellen, den Deckel schließen und die Tomatenmischung etwa 3 Min. braten. Anschließend das gewürfelte Gemüse dazugeben, die Pfanne über *indirekte mittlere Hitze* stellen und die Gemüsemischung bei geschlossenem Deckel 10–15 Min. weiterbraten, bis es eben weich ist und etwas Flüssigkeit gezogen hat. In dieser Zeit gelegentlich umrühren. Die Pfanne vom Grill nehmen, den Couscous gleichmäßig auf den Tellern verteilen und das Ratatouille darauf anrichten.

FÜR 6 PERSONEN

GEFÜLLTE KARTOFFEL-SCHIFFCHEN

MIT LAUCH UND SPINAT

ZUBEREITUNGSZEIT: 35 Min.
GRILLZEIT: 16–18 Min.
ZUBEHÖR: Mikrowelle

4 große mehligkochende Kartoffeln
(je etwa 300–350 g), Schale abgebürstet
3 EL Butter
500 g Lauch
350 g kleine zarte Spinatblätter
100 g pikanter Cheddar, gerieben
grobes Meersalz
frisch gemahlener schwarzer Pfeffer
8 EL frisch geriebene Semmelbrösel
1 TL Olivenöl
1 EL Schnittlauchröllchen

1. Die Kartoffeln jeweils sechs- bis achtmal mit einer Gabel einstechen und in der Mikrowelle auf hoher Stufe in 12–14 Min. weich garen, dabei einmal wenden. Vorsichtig aus der Mikrowelle nehmen und handwarm abkühlen lassen. Kartoffeln auf eine Arbeitsfläche legen und das obere Drittel wie einen Deckel abschneiden. Mit einem Löffel die Kartoffeln bis auf einen 1 cm breiten äußeren Rand aushöhlen. Die ausgehöhlte Kartoffelmasse in einer großen Schüssel mit 1 EL Butter verkneten.

2. Die weißen und hellgrünen Abschnitte der Lauchstangen in dünne Scheiben schneiden. In einem Sieb unter fließendem kaltem Wasser abbrausen und abtropfen lassen. In einem großen Topf 2 EL Butter auf mittlerer Stufe zerlassen und den Lauch darin 8–10 Min. dünsten, bis er weich ist und etwas Farbe annimmt, dabei ab und zu umrühren. Den Spinat dazugeben und in 3–4 Min. zusammenfallen lassen, gelegentlich umrühren. Vom Herd nehmen und das Gemüse bei Bedarf in einem Sieb kurz abtropfen lassen.

3. Die Spinat-Lauch-Mischung und den Käse zu der Kartoffelmasse in die große Schüssel geben und alles gut vermischen. Die Füllung mit Salz und Pfeffer würzen.

4. Den Grill für direkte mittlere Hitze (175–230 °C) vorbereiten (siehe Seite 10–11).

5. Die Füllung gleichmäßig auf die ausgehöhlten Kartoffeln verteilen, dabei die Masse so kompakt und hoch wie möglich einfüllen.

6. In einer kleinen Schüssel die Semmelbrösel mit dem Öl vermischen, anschließend je 1 EL sanft in die Füllung drücken.

7. Den Grillrost mit der Bürste reinigen. Die Kartoffelschiffchen über *direkter mittlerer Hitze* bei geschlossenem Deckel 16–18 Min. grillen, bis sie durch und durch heiß und auf der Ober- und Unterseite knusprig gebräunt sind. Mit einer Grillzange die Kartoffeln vorsichtig vom Grill nehmen und mit Schnittlauch bestreut servieren.

FÜR 4 PERSONEN

SAUERKRAUTPFANNE
MIT GEMÜSE UND BIRNEN

ZUBEREITUNGSZEIT: 45 Min.
GRILLZEIT: 6–10 Min.

125 g Butter, zerlassen
1 großer Kopf Weißkohl, geputzt, in feine
   Streifen geschnitten oder gehobelt
   (etwa 450 g)
1 große rote Zwiebel, halbiert, in dünne
   Scheiben geschnitten
4 Lorbeerblätter
2 TL Kümmelsamen
475 g Sauerkraut, abgetropft
   (75 ml der Flüssigkeit aufgefangen)
1 EL Dijon-Senf
¼ TL gemahlene Nelken
4 mittelgroße Möhren (insgesamt etwa
   300 g), geschält, längs halbiert, auf 15 cm
   Länge eingekürzt

4 mittelgroße festkochende Kartoffeln
   (insgesamt etwa 350 g), geschält,
   längs geviertelt
175 g grüne Bohnen, geputzt,
   in 5 cm lange Stücke geschnitten
2 reife, aber feste Birnen, in acht Spalten
   geschnitten, Kerngehäuse entfernt
grobes Meersalz
frisch gemahlener schwarzer Pfeffer
500 g kleine vegetarische Würstchen
75 ml trockener Weißwein
75 ml Gemüsebrühe
3 EL fein gehackte glatte Petersilienblätter
400 g Schmand

1. In eine große schwere Pfanne die Hälfte der flüssigen Butter geben und den Weißkohl darin mit Zwiebel, Lorbeerblättern und Kümmel auf mittlerer bis hoher Stufe 5 Min. andünsten, dabei häufig wenden. Anschließend Sauerkraut, Senf und Nelken untermischen. Möhren und Kartoffeln in einem großen Topf mit kochendem Salzwasser in 6–7 Min. knapp weich garen. Mit einem Schaumlöffel auf ein Backblech heben. Dann die Bohnen im kochenden Wasser in 4–5 Min. knapp weich garen, abseihen und in eine kleine Schüssel geben. Die restliche Butter über die Möhren und Kartoffeln auf dem Backblech gießen, die Birnenspalten hinzufügen und gut vermengen. Leicht salzen und pfeffern.

2. Den Grill für direkte mittlere Hitze (175–230 ºC) vorbereiten (siehe Seite 10–11).

3. Den Grillrost mit der Bürste reinigen. Möhren, Kartoffeln und Birnen über *direkter mittlerer Hitze* bei geschlossenem Deckel 8–10 Min. grillen, dabei ein- bis zweimal wenden, bis sie ein wenig gebräunt sind. Die Würstchen in der übrigen Butter auf dem Backblech wenden und gleichzeitig mit dem Gemüse und den Birnen über *direkter mittlerer Hitze* 6–8 Min. grillen, dabei einmal wenden. Vom Grill nehmen. Das Gemüse und die Birnen in etwa 2,5 cm große Stücke schneiden, die Würstchen vierteln. Alles in die Pfanne zum Kohl geben. Wein, Brühe und die Flüssigkeit vom Sauerkraut dazugießen, auf mittlerer bis hoher Stufe kurz aufkochen, dann zugedeckt auf mittlerer Stufe 10 Min. köcheln lassen. Ab und zu umrühren. Die Bohnen unterheben und in der verschlossenen Pfanne 5 Min. mitgaren. Zuletzt die Petersilie untermischen. Zur Sauerkrautpfanne den Schmand reichen.

FÜR 4–6 PERSONEN

46

GEMÜSEPLATTE VOM GRILL
MIT BALSAMICO UND ZITRONENÖL

ZUBEREITUNGSZEIT: 30 Min.
STANDING TIME: 1 Std.
GRILLZEIT: 2–3 Min. für das Brot;
8–10 Min. für jede Gemüseportion

3 Auberginen (vorzugsweise japanische),
  längs in 1 cm dicke Scheiben geschnitten
3 Zucchini, längs in 1 cm dicke Scheiben
  geschnitten
grobes Meersalz
8 große Spargelstangen, holzige Enden
  entfernt, auf eine Länge von etwa 5 cm
  von unten nach oben geschält
180 ml Aceto balsamico
1½ EL zerdrückter Knoblauch
3 EL Olivenöl
8 Scheiben Baguette, je gut 1 cm dick
3 kleine rote oder gelbe Paprikaschoten,
  geputzt, jeweils in vier flache Stücke
  geschnitten
60 ml Olivenöl mit Zitronenaroma (siehe Tipp)
350 g weicher Ziegenkäse, raumtemperiert
1½ EL fein gehackte Kräuter (z. B. Basilikum,
Kerbel und/oder glatte Petersilie)
frisch gemahlener schwarzer Pfeffer

TIPP!

Sie können das Zitronenöl auch selbst
machen: 1 Bio-Zitrone heiß abwaschen,
gut abtrocknen und die Schale fein abreiben. Die Zitronenschale mit 160 ml
Olivenöl vermischen und mind. 2 Stun-
den oder bis zu 4 Tage kalt stellen.

1. Die Auberginen- und Zucchinischeiben auf
ein Backblech geben, mit etwas Salz bestreuen
und 1 Std. ruhen lassen.

2. In leicht gesalzenem, kochendem Wasser
die Spargelstangen 4 Min. blanchieren, dann
unter fließendem kaltem Wasser abschrecken.
Auf einem sauberen Küchentuch abtropfen
lassen. In einem kleinen Topf den Essig auf
mittlerer Stufe 10 Min. köcheln lassen, bis er
auf etwas mehr als die Hälfte reduziert ist.

3. Den Grill für direkte mittlere Hitze
(175–230 ºC) vorbereiten (siehe Seite 10–11).

4. Knoblauch und Olivenöl vermischen und die
Baguettescheiben jeweils auf einer Seite mit dem
Knoblauchöl bestreichen. Den Grillrost mit der
Bürste reinigen. Das Brot über *direkter mittlerer
Hitze* bei geöffnetem Deckel 2–3 Min. anrösten,
dabei ein- bis zweimal wenden.

5. Auberginen und Zucchini mit Küchenpapier
trockentupfen. Auberginen, Zucchini und die
Paprikastücke auf beiden Seiten mit dem Zitro-
nen-Olivenöl bestreichen und salzen. Das Gemüse portionsweise über *direkter mittlerer
Hitze* bei geschlossenem Deckel grillen, bis es
schön gebräunt und knackig-zart ist, dabei ab
und zu wenden. Die Auberginen brauchen dafür
8–10 Min., die Paprikaschoten 6–8 Min. und die
Zucchini 3–5 Min. Gegrilltes Gemüse auf einer
großen Servierplatte anrichten. Die gerösteten
Brotscheiben mit Ziegenkäse bestreichen. Das
Gemüse mit der Essigreduktion und dem restlichen Zitronenöl beträufeln, Kräuter und Pfeffer
darüberstreuen und die Gemüseplatte mit den
Baguettescheiben servieren.

FÜR 6–8 PERSONEN

KARTOFFEL-LAUCH-FLADEN
MIT GORGONZOLA

ZUBEREITUNGSZEIT: 30 Min.
GEHZEIT FÜR DEN TEIG: 1½ Std.
GRILLZEIT: 6–8 Min.

Für den Teig

450 g Mehl und Mehl zum Kneten
1 Päckchen Trockenhefe (7 g)
1 EL Zucker
1 EL grobes Meersalz
Olivenöl

12 kleine rotschalige Kartoffeln (insgesamt
    etwa 350 g), die Schale abgebürstet
6 TL Olivenöl
½ TL grobes Meersalz
¼ TL frisch gemahlener schwarzer Pfeffer
1¼ TL gehackte Rosmarinnadeln
2 TL Butter
4 große Stangen Lauch, nur die weißen und
    hellgrünen Teile längs halbiert, gut
    abgespült, quer in dünne Scheiben
    geschnitten
175 g Mozzarella, in kleine Würfel geschnitten
150 g Gorgonzola, zerbröckelt
Olivenöl (nach Belieben)

1. Für den Teig Mehl, Hefe, Zucker und Salz in der Küchenmaschine vermengen. Bei laufendem Motor 300 ml lauwarmes Wasser und 2 EL Öl in gleichmäßigem Strahl zugießen und weiter mixen, bis sich die Zutaten grob zu einem Teig verbunden haben. Nochmals 40 Sek. mixen, dann den (sehr klebrigen) Teig auf einer leicht bemehlten Arbeitsfläche mit den Händen kneten, bis er sich zu einer glatten Kugel formen lässt. In eine große, dünn mit Öl eingepinselte Schüssel setzen, mit Frischhaltefolie abdecken und an einem warmen Ort etwa 1½ Std. gehen lassen, bis sich sein Volumen verdoppelt hat. Den Teig in der Schüssel mit den Händen kräftig nach unten drücken, damit Luft austreten kann.

2. In einem mittelgroßen Topf mit köchelndem Salzwasser die Kartoffeln in der Schale in etwa 10 Min. weich, aber nicht matschig garen. Abgießen, etwas abkühlen lassen, dann der Länge nach halbieren und quer in 1 cm dicke Scheiben schneiden. In eine große Schüssel füllen und behutsam mit 4 TL Öl, ½ TL Salz, ¼ TL Pfeffer und ½ TL Rosmarin vermischen. Die Kartoffelscheiben in einer Pfanne mit schwerem Boden auf mittlerer bis hoher Stufe etwa 5 Min. leicht braun braten, dabei gelegentlich wenden. Zurück in die große Schüssel füllen. Die restlichen 2 TL Öl und die Butter in die heiße Pfanne geben. Den Lauch zufügen und 4 Min. garen, bis er weich und goldgelb ist, ab und zu umrühren. Zu den Kartoffeln geben und vermischen.

3. Den Teig auf der leicht bemehlten Arbeitsfläche vierteln. Die Teigviertel zu glatten Kugeln formen, mit einem sauberen Küchentuch abdecken und 10 Min. ruhen lassen. Inzwischen vier große Stücke Backpapier auf einer Seite dünn mit Öl bestreichen. Die Teigkugel jeweils auf einem Stück Backpapier grob zu ovalen und

0,5 cm dicken Fladen ausrollen. Erneut abdecken und vor dem Grillen bis zu 20 Min. ruhen lassen. (Sollte sich der Teig nicht gut ausrollen lassen, nocnmals mit einem Küchentuch abdecken und 3–4 Min. ruhen lassen. Dann weiter ausrollen.)

4. Den Grill für direkte mittlere Hitze (175–230 °C) vorbereiten (siehe Seite 10–11).

5. Die Teigböden auf der Oberseite dünn mit Öl bestreichen. Den Grillrost mit der Bürste reinigen. Teigböden mit der Backpapierseite nach oben auf den Grillrost legen und über ***direkter mittlerer Hitze*** bei geschlossenem Deckel etwa 3 Min. grillen, bis ihre Oberseite sich leicht wölbt und die Unterseite goldgelb und knusprig ist. Backpapier abziehen und wegwerfen. Die Böden mit der gegrillten Seite nach oben auf einer Arbeitsfläche jeweils mit der Kartoffel-Lauch-Mischung und dem Käse belegen, dabei einen 1 cm breiten äußeren Rand aussparen. Böden mit dem restlichen Rosmarin bestreuen. Die belegten Fladen über ***direkter mittlerer Hitze*** bei geschlossenem Deckel 3–5 Min. grillen, bis die Unterseite hübsch gemustert und der Käse geschmolzen ist. Vom Grill nehmen und nach Belieben mit etwas Olivenöl beträufeln. Fladen in Stücke schneiden und sofort servieren.

FÜR 4–6 PERSONEN

GEGRILLTER RICOTTA-SPINAT-FLADEN
MIT BIRNEN UND SULTANINEN

ZUBEREITUNGSZEIT: 20 Min.
GEHZEIT FÜR DEN TEIG: 1½ Std.
GRILLZEIT: etwa 6 Min.

Für den Teig

450 g Mehl und Mehl zum Kneten
1 Päckchen Trockenhefe (7 g)
1 EL Zucker
1 EL grobes Meersalz
Olivenöl

2 Birnen, geschält, Kerngehäuse entfernt,
   fein gewürfelt
60 g kleine zarte Spinatblätter
175 g Ricotta (40 %), zerbröckelt
75 g Sultaninen
2 EL Honig, leicht erwärmt
zerstoßene schwarze Pfefferkörner

TIPP!

Wenn Ihr Bäcker frischen Brotteig verkauft, können Sie diesen auch anstelle des selbst gemachten verwenden.

1. Für den Teig Mehl, Hefe, Zucker und Salz in der Küchenmaschine vermengen. Bei laufendem Motor 300 ml lauwarmes Wasser und 2 EL Öl in gleichmäßigem Strahl zugießen und weiter mixen, bis sich die Zutaten grob zu einem Teig verbunden haben. Nochmals 40 Sek. mixen, dann den (sehr klebrigen) Teig auf einer leicht bemehlten Arbeitsfläche mit den Händen weiterkneten, bis er sich zu einer glatten Kugel formen lässt. In eine große, dünn mit Öl ausgestrichene Schüssel setzen, mit Frischhaltefolie abdecken und den Teig an einem warmen Ort etwa 1½ Std. gehen lassen, bis sich sein Volumen verdoppelt hat. Den Teig in der Schlüssel mit den Händen kräftig nach unten drücken, damit die Luft austreten kann. (Sie können jetzt entweder mit dem Rezept fortfahren oder den Teig bis zu 3 Std. kalt stellen. Gekühlten Teig vor der weiteren Verarbeitung etwa 30 Min. Raumtemperatur annehmen lassen.)

2. Den Teig auf der leicht bemehlten Arbeitsfläche in vier gleich große Stücke teilen. Die Teigviertel zu glatten Kugeln formen, mit einem sauberen Küchentuch abdecken und 10 Min. ruhen lassen. Inzwischen vier große Stücke Backpapier auf einer Seite dünn mit Öl bestreichen. Die vier Teigkugel jeweils auf einem Stück Backpapier zu mehr oder weniger ovalen Fladen ausrollen, die nicht dicker als 0,5 cm sein sollten. Erneut abdecken und vor dem Grillen bis zu 20 Min. ruhen lassen. (Sollte sich der Teig nicht gut und auf die gewünschte Größe ausrollen lassen, erneut mit einem Küchentuch abdecken und 3–4 Min. ruhen lassen. Anschließend weiter ausrollen.)

3. Den Grill für direkte mittlere Hitze (175–230 ºC) vorbereiten (siehe Seite 10–11).

4. Birnen und Spinatblätter rundherum mit etwas Öl einpinseln. Die Teigböden auf der Oberseite dünn mit Öl bestreichen. Den Grillrost mit der Bürste reinigen. Die Teigböden mit der Backpapierseite nach oben auf den Grillrost legen und über *direkter mittlerer Hitze* bei geschlossenem Deckel etwa 3 Min. grillen, bis ihre Oberseite sich leicht aufbläht und die Unterseite goldgelb und knusprig ist. Das Backpapier abziehen und wegwerfen. Die Teigböden mit der gegrillten Seite nach oben auf eine Arbeitsfläche legen und jeweils zu gleichen Mengen mit Ricotta, Birnen und Spinat belegen, dabei einen 1 cm breiten äußeren Rand lassen.

5. Die belegten Fladen über *direkter mittlerer Hitze* bei geschlossenem Deckel noch etwa 3 Min. grillen, bis sie auf der Unterseite das typische Grillmuster angenommen haben. Vom Grill nehmen, gleichmäßig mit Honig beträufeln und etwas zerstoßenen Pfeffer darüberstreuen. Nach Belieben in Stücke schneiden und sofort servieren.

FÜR 4 PERSONEN

ZUCCHINI-FLADEN
MIT SPINATPESTO

ZUBEREITUNGSZEIT: 30 Min.
GRILLZEIT: 12–15 Min.

500 g Vollkorn- oder Pizzateig
(Fertigprodukt aus der Kühltheke)
Olivenöl

Für das Pesto

75 g kleine zarte Spinatblätter
35 g Basilikumblätter
80 ml Olivenöl
2 EL Pinienkerne, goldgelb geröstet
2 TL zerdrückter Knoblauch
¾ TL grobes Meersalz
¼ TL frisch gemahlener Pfeffer
3 EL fein geriebener Pecorino

500 g kleine Zucchini (vorzugsweise grüne
und gelbe), in 0,5 cm große Würfel
geschnitten
grobes Meersalz
frisch gemahlener schwarzer Pfeffer
100 g Pecorino, mit einem Sparschäler
in Späne gehobelt

1. Den Grill für direkte mittlere Hitze (175–230 °C) vorbereiten (siehe Seite 10–11).

2. Den Teig vierteln. Vier Bogen Backpapier auf einer Seite dünn mit Öl bestreichen und die Teigviertel jeweils auf einem Papierbogen mit den Händen zu großen, etwa 0,5 cm dicken ovalen Fladen ausziehen. Die Oberseite jeweils mit etwas Öl einpinseln und die Fladen bei Raumtemperatur 5–10 Min. ruhen lassen.

3. In der Küchenmaschine die Zutaten für das Pesto bis auf den Pecorino pürieren, dann den Käse hinzufügen und in Intervallen kurz untermixen. Das Pesto in eine kleine Schüssel umfüllen. In einer zweiten Schüssel die Zucchiniwürfel mit 1½ EL Öl vermengen und leicht mit Salz und Pfeffer würzen.

4. Den Grillrost mit der Bürste reinigen. Teigböden mit der Backpapierseite nach oben über *direkter mittlerer Hitze* bei geschlossenem Deckel 2–5 Min. grillen, bis sie auf der Unterseite fest und hübsch gemustert sind. Die Böden ab und zu drehen, damit sie gleichmäßig garen. Backpapier abziehen und wegwerfen. Die Teigböden mit der gegrillten Seite nach oben auf eine Arbeitsfläche legen. Die Böden jeweils mit Pesto bestreichen, dabei einen 0,5 cm breiten äußeren Rand aussparen, dann Zucchiniwürfel und Pecorinospäne darauf verteilen.

5. Die Fladen über *direkter mittlerer Hitze* bei geschlossenem Deckel 3–5 Min. grillen, bis die Unterseite hübsch gemustert und der Käse ein wenig geschmolzen ist. Vom Grill nehmen, in Stücke schneiden und sofort servieren.

FÜR 4 PERSONEN;
FÜR 6–8 PERSONEN ALS VORSPEISE

SIZILIANISCHE SPINATCALZONE
MIT SULTANINEN

ZUBEREITUNGSZEIT: 30 Min.
GRILLZEIT: 6–8 Min.

Für die Füllung

1 Ei (Größe L)
1 EL Aceto balsamico
1 TL zerdrückter Knoblauch
½ TL grobes Meersalz
½ TL frisch gemahlener schwarzer Pfeffer
300 g gehackter TK-Spinat, aufgetaut
175 g geriebener Kuhmilch-Mozzarella
   (Fertigprodukt aus der Kühltheke)
100 g Sultaninen
100 g Kalamata-Oliven, entsteint, gewürfelt

500 g Pizzateig
   (Fertigprodukt aus der Kühltheke)
Öl

1 Eiweiß (Größe L), sehr schaumig geschlagen

1. Für die Füllung in einer großen Schüssel das Ei mit dem Essig, dem Knoblauch, dem Salz und Pfeffer verquirlen. Den aufgetauten Spinat in einem sauberen Küchentuch gründlich ausdrücken. Spinat in kleinen Portionen in die Schüssel zum verquirlten Ei geben. Mozzarella, Sultaninen und Oliven hinzufügen und alles gleichmäßig vermischen.

2. Den Grill für direkte mittlere Hitze (175–230 °C) vorbereiten (siehe Seite 10–11).

3. Den Pizzateig vierteln. Vier 30 cm große Backpapierquadrate zuschneiden und jeweils auf einer Seite mit Öl einpinseln. Die Teigviertel jeweils auf der eingeölten Seite eines Papierquadrats zu 0,5 cm dicken runden Fladen von etwa 20 cm Durchmesser ausrollen und 5–10 Min. ruhen lassen. Anschließend auf der unteren Hälfte jedes Teigfladens ein Viertel der Füllung verstreichen, dabei einen nicht zu kleinen äußeren Rand aussparen. Den ausgesparten Rand jeweils mit etwas Eiweiß bestreichen, dann die obere Teighälfte über die Füllung schlagen, die Ränder fest zusammendrücken und ein wenig einrollen, damit die Füllung gut verschlossen ist. Die Oberseite jeweils mit Eiweiß bestreichen.

4. Mit einem großen Grillwender die Calzone mit der mit Eiweiß bestrichenen Seite nach unten auf den Grillrost legen, das Papier abziehen und die Calzone über *direkter mittlerer Hitze* bei geschlossenem Deckel 6–8 Min. grillen, bis der Teig goldbraun und die Füllung durchgegart ist, dabei einmal wenden. Vom Grill nehmen und 5 Min. ruhen lassen. Calzone auf Tellern anrichten und warm servieren.

FÜR 4 PERSONEN

MINI-PIZZEN
MIT TOMATEN UND BURRATA-KÄSE

ZUBEREITUNGSZEIT: 30 Min.
GRILLZEIT: 4–10 Min.

500 g Pizzateig
(Fertigprodukt aus der Kühltheke)
Öl
500 g Dattel- oder Cocktailtomaten
(oder eine Mischung), halbiert
8 große sonnengetrocknete Tomatenhälften
in Öl, abgetropft, in Stücke geschnitten
grobes Meersalz
frisch gemahlener schwarzer Pfeffer
225 g italienischer Burrata
(ersatzweise Mozzarella)
½ TL zerstoßene rote Chiliflocken
50 g Parmesan, grob gerieben
1 Handvoll Basilikumblätter, zerpflückt

1. Den Grill für direkte mittlere Hitze (175–230 °C) vorbereiten (siehe Seite 10–11).

2. Den Teig in zwölf gleich große Stücke teilen. Zwölf 15 cm große Backpapierquadrate zurechtschneiden und auf einer Seite dünn mit Öl bestreichen. Die Teigstücke jeweils auf einem eingeölten Backpapier zu runden, 0,5 cm dicken Pizzaböden von etwa 12 cm Durchmesser ausrollen. Die Oberseite jeweils mit etwas Öl einpinseln und die Böden 5–10 Min. ruhen lassen.

3. In einer mittelgroßen Schüssel frische und getrocknete Tomaten mit je 1 Prise Salz und Pfeffer vermischen.

4. Den Grillrost mit der Bürste reinigen. Die zwölf Teigböden mit der Backpapierseite nach oben über *direkter mittlerer Hitze* bei geschlossenem Deckel 2–5 Min. grillen, bis sie auf der Unterseite fest und hübsch gemustert sind. Die Böden gegebenenfalls ab und zu drehen, damit sie gleichmäßig backen. Backpapier abziehen und wegwerfen. Die Teigböden mit der gegrillten Seite nach oben auf eine Arbeitsfläche legen.

5. Den Burrata über den Pizzaböden zerpflücken. Die Böden mit den Tomaten belegen, mit Chiliflocken würzen, Parmesan darüberstreuen und etwas Pfeffer darübermahlen.

6. Die belegten Pizzaböden über *direkter mittlerer Hitze* bei geschlossenem Deckel 2–5 Min. grillen, bis der Belag heiß und die Unterseite knusprig ist. Zum gleichmäßigen Backen die Böden erneut ab und zu drehen. Die Mini-Pizzen vom Grill nehmen, mit Basilikum bestreuen und warm servieren.

FÜR 4 PERSONEN

ZWIEBELKUCHEN
MIT KAPERN UND RUCOLA-EIER-SALAT

ZUBEREITUNGSZEIT: 1 Std.
GEHZEIT FÜR DEN TEIG: 45–60 Min.
GRILLZEIT: 8–10 Min.

Für den Teig

½ TL Zucker
1 Päckchen Trockenhefe (7 g)
1½ EL Olivenöl
¾ TL grobes Meersalz
265 g Mehl und Mehl zum Kneten

5 EL Olivenöl
3 große Zwiebeln (etwa 900 g),
  in feine Scheiben geschnitten
grobes Meersalz
frisch gemahlener schwarzer Pfeffer
2 EL Dijon-Senf
2 EL feinste Kapern, abgetropft
50 g Ziegenfrischkäse, zerbröckelt
50 g Rucola
2 EL Zitronensaft
3 hart gekochte Eier, gepellt, geviertelt

1. Für den Teig 175 ml lauwarmes Wasser und den Zucker in die Rührschüssel der Küchenmaschine geben und den Zucker unter Rühren auflösen. Die Trockenhefe gleichmäßig darüberstreuen und etwa 5 Min. ruhen lassen, bis sich an der Oberfläche dünner Schaum bildet (er zeigt an, dass die Hefe aktiv ist). Öl, Salz und Mehl hinzufügen und die Zutaten in Intervallen etwa 20 Sek. vermischen, bis sich ein zusammenhängender Teig bildet, der sich von der Schüsselwand löst. Den Teig auf einer bemehlten Arbeitsfläche 5 Min. mit den Händen kneten, bis er glatt und seidig ist. Dabei darauf achten, so viel weiteres Mehl einzuarbeiten, dass der Teig nicht an der Arbeitsfläche kleben bleibt, sich am Schluss aber nicht trocken anfühlt.

2. Ein großes Stück Backpapier mit Öl einpinseln. Den Teig in die Mitte des Backpapiers setzen und 5 Min. ruhen lassen. Anschließend zu einem unregelmäßigen Rechteck von etwa 35 x 25 cm Größe ausrollen bzw. ausziehen. Sollte sich der Teig dabei zusammenziehen, ein paar Minuten ruhen lassen. Den Teig locker mit Frischhaltefolie abdecken und 45–60 Min. gehen lassen, bis sich sein Volumen vergrößert hat.

3. Inzwischen in einer großen Pfanne mit schwerem Boden 3 EL Öl auf mittlerer bis hoher Stufe erhitzen. Die Zwiebeln hinzufügen, mit ½ TL Salz and ½ TL Pfeffer würzen und 18–20 Min. sautieren, bis sie zu bräunen beginnen. Anschließend die Pfanne verschließen und die Zwiebeln in etwa 12 Min. schön goldbraun dünsten, dabei häufig umrühren. Auf einer großen Platte auslegen und zum schnellen Abkühlen in den Kühlschrank stellen. Den Grill für direkte mittlere Hitze (175–230 °C) vorbereiten (siehe Seite 10–11).

4. Den Grillrost mit der Bürste reinigen. Die Oberseite des Teigfladens dünn mit Öl bestreichen, anschließend den Fladen mit der eingeölten Seite nach unten über *direkter mittlerer Hitze* bei geschlossenem Deckel 4–5 Min. grillen, bis er knusprig und goldgelb ist. Backpapier abziehen. Den Fladen auf die Rückseite eines Backblechs ziehen und mit der gegrillten Seite nach oben auf eine Arbeitsfläche legen. Den Senf darauf verstreichen, dabei einen gut 1 cm breiten äußeren Rand aussparen, mit den gebratenen Zwiebeln, den Kapern und dem Käse belegen und etwas Pfeffer darübermahlen.

5. Mit der belegten Seite nach oben den Fladen wieder über *direkte mittlere Hitze* legen, den Deckel schließen und 4–5 Min. grillen, bis die Unterseite knusprig und goldbraun und der Belag heiß ist. Auf ein Schneidbrett heben.

6. In einer großen Schüssel die restlichen 2 EL Öl mit dem Zitronensaft verrühren und mit Salz und Pfeffer würzen. Rucola und Eier zufügen und mit dem Zitronen-Öl vermischen. Rucola-Eier-Salat auf dem Zwiebelkuchen anrichten, den Kuchen in 12 Stücke schneiden und sofort servieren.

FÜR 4 PERSONEN

MOZZARELLA-SANDWICH
MIT OLIVENTAPENADE UND GEGRILLTER PAPRIKA

ZUBEREITUNGSZEIT: 15 Min.
GRILLZEIT: 14–21 Min.
ZUBEHÖR: gelochte Grillpfanne

1 große oder 2 kleine gelbe Paprikaschoten,
  Stiel, Trennhäute und Samen entfernt,
  längs in 1 cm breite Streifen geschnitten
1 EL Olivenöl
1 kräftige Prise grobes Meersalz
1 kräftige Prise frisch gemahlener
  schwarzer Pfeffer

8 Scheiben Sauerteig- oder italienisches Brot,
  je etwa 12 x 7 cm groß und 1 cm dick
Olivenöl
125 g schwarze oder grüne Oliventapenade
  (selbst gemacht oder aus dem Glas)
300 g Mozzarella, abgetropft, in Scheiben
  geschnitten
2 EL in feine Streifen geschnittene
  Basilikumblätter

1 große Avocado, das Fruchtfleisch in
  Scheiben geschnitten
1 Limette, halbiert

1. Den Grill für direkte mittlere bis starke Hitze vorbereiten (200–260 °C) und die Grillpfanne vorheizen.

2. In einer kleinen Schüssel die Paprikastreifen mit 1 EL Öl, Salz und Pfeffer vermischen. Die Brotscheiben jeweils auf einer Seite mit Öl bestreichen. Von vier Brotscheiben die andere Seite mit der Tapenade bestreichen und die Mozzarellascheiben möglichst dicht an dicht darauf verteilen. Bei Bedarf vom Käse kleine Stücke abreißen und entstandene Löcher damit füllen.

3. Die Paprikastreifen in einer Lage in der Grillpfanne verteilen und über *direkter mittlerer bis starker Hitze* bei geschlossenem Deckel 7–10 Min. grillen, bis sie knackig-zart, aber nicht zu stark gebräunt sind, dabei alle 2–3 Min. wenden. In eine Schüssel umfüllen und neben den Grill stellen.

4. Die Brote mit Mozzarella mit der eingeölten Seite nach unten in die Grillpfanne legen und über *direkter mittlerer bis starker Hitze* bei geschlossenem Deckel 4–6 Min. grillen, bis der Käse weich ist, aber noch nicht zerläuft. Zügig die Paprika- und Basilikumstreifen daraufgeben und die Brote jeweils mit einer zweiten Scheibe, eingeölte Seite nach oben, abdecken. Mit einem Grillwender die Sandwiche fest zusammendrücken. (Falls der Grill sehr heiß ist, die Hitze etwas absenken.) Die Sandwiche 1 Min. grillen, dann vorsichtig wenden, den Deckel wieder schließen und 2–4 Min. weitergrillen, bis sie goldbraun geröstet sind. Vom Grill nehmen und 2–3 Min. ruhen lassen. Zusammen mit den mit Limettensaft beträufelten Avocadoscheiben servieren.

FÜR 4 PERSONEN

58

TOMATEN-SANDWICH
MIT FELDSALAT UND AÏOLI

ZUBEREITUNGSZEIT: 30 Min.
GRILLZEIT: 7–9 Min.

Für die Aïoli

20 mittelgroße Knoblauchzehen, geschält
1 Ei (Größe L), raumtemperiert
1 EL Rotweinessig
1 TL Dijon-Senf
½ TL grobes Meersalz
175 ml Olivenöl
60 ml Rapsöl
1½ EL Zitronensaft
¼ TL gemahlener weißer Pfeffer

2 sehr große reife, aber feste Tomaten
    (insgesamt etwa 800 g), Stielansatz
    und Kerne entfernt, in 1,25 cm dicke
    Scheiben geschnitten
8 Scheiben Sauerteigbrot,
    je etwa 10 x 10 cm groß und 1 cm dick
Olivenöl
¼ TL grobes Meersalz
¼ TL frisch gemahlener schwarzer Pfeffer
100 g Manchego (oder ein anderer spanischer
    oder griechischer Käse aus Schafmilch),
    in Scheiben geschnitten (nach Belieben)
80 g Feldsalat, verzehrfertig

TIPP!

Für eine schnelle Aïoli-Variante rühren
Sie zerdrückten Knoblauch nach
Geschmack und 1–2 TL Zitronensaft
unter 200 g Mayonnaise.

1. In einem kleinen Topf die Knoblauchzehen mit kaltem Wasser bedecken. Aufkochen und 30 Sek. köcheln lassen. Knoblauch in ein Sieb abgießen, zurück in den Topf füllen und erneut mit kaltem Wasser bedecken. Wieder aufkochen, abgießen und den Vorgang ein weiteres Mal wiederholen. Die Knoblauchzehen anschließend 5 Min. im Sieb abkühlen lassen. Knoblauch, Ei, Essig, Senf und Salz im Mixer kurz pürieren, bis die Mischung glatt ist. Anschließend bei laufendem Motor langsam beide Öle unterrühren. Wenn das gesamte Öl eingearbeitet ist, Zitronensaft und Pfeffer dazugeben und durchmixen. Bei Raumtemperatur beiseitestellen.

2. Die Tomatenscheiben zwischen zwei Lagen Küchenpapier 15 Min. trocknen lassen.

3. Den Grill für direkte mittlere Hitze (175–230 °C) vorbereiten (siehe Seite 10–11).

4. Den Grillrost mit der Bürste reinigen. Das Brot auf einer Seite über *direkter mittlerer Hitze* bei geöffnetem Deckel etwa 1 Min. rösten. Die Scheiben mit der gerösteten Seite nach unten auf einer Platte beiseitestellen.

5. Die Tomatenscheiben auf beiden Seiten mit Öl bestreichen, salzen und pfeffern. Über *direkter mittlerer Hitze* bei geschlossenem Deckel 6–8 Min. grillen, bis sie leicht gebräunt und weich sind, einmal wenden. Vom Grill nehmen.

6. Die Brotscheiben nach Geschmack mit Aïoli bestreichen. Vier Scheiben jeweils mit Tomaten, nach Belieben mit Käse, dann mit Feldsalat belegen und mit einer unbelegten Scheibe, Aïoli-Seite nach unten, abdecken. Sofort servieren.

FÜR 4 PERSONEN

DOPPELDECKERSANDWICH
MIT OLIVENRELISH

ZUBEREITUNGSZEIT: 25 Min.
GRILLZEIT: 22–26 Min.

Für das Relish
65 g entsteinte Kalamata-Oliven
2 kleine milde Zwiebeln, grob gewürfelt
6 große Basilikumblätter
2 EL Olivenöl
1½ TL Weißweinessig
1½ TL Oreganoblätter
1 große Knoblauchzehe, grob gehackt
¼ TL Fenchelsamen
1 kräftige Prise zerstoßene rote Chiliflocken
   (nach Geschmack)

grobes Meersalz
frisch gemahlener schwarzer Pfeffer

2 große rote Paprikaschoten
2 mittelgroße Zucchini, je etwa 15–20 cm lang,
   Enden entfernt, längs in 1 cm dicke
   Scheiben geschnitten
12 Scheiben italienisches oder französisches
   Weißbrot, je etwa 12 x 9 cm groß und
   1 cm dick
Olivenöl
200 g Fontina (italienischer Hartkäse),
   in acht Scheiben geschnitten
8 EL frisch geriebener Parmesan
12 große Basilikumblätter

1. Die Zutaten für das Relish in der Küchenmaschine in mehreren Intervallen durchmixen, dann mit einem Löffel gut umrühren. Die Zutaten erneut in Intervallen mixen, bis ein stückiges Relish entsteht. Mit Salz und Pfeffer abschmecken und nach Belieben mit Chiliflocken nachwürzen. (Das Relish lässt sich auch ein paar Tage im Voraus zubereiten und abgedeckt im Kühlschrank aufbewahren. Vor der Verwendung gut durchrühren.)

2. Den Grill für direkte mittlere Hitze (175–230 °C) vorbereiten (siehe Seite 10–11).

3. Mit einem scharfen Messer beide Enden der Paprikaschoten wie einen Deckel abschneiden. Die Schoten jeweils auf einer Seite senkrecht durchschneiden und zu einem langen Streifen auslegen, Trennhäute und Samen entfernen (siehe auch Seite 14). Zucchini- und Brotscheiben auf beiden Seiten mit Öl bestreichen, Zucchini mit Salz und Pfeffer würzen.

4. Den Grillrost mit der Bürste reinigen. Die Paprikastreifen mit der glatten Hautseite nach unten über *direkter mittlerer Hitze* bei geschlossenem Deckel 8–10 Min. grillen, bis die Haut schwarz ist und Blasen wirft. Nicht wenden. Paprika in eine große Schüssel geben, mit Frischhaltefolie abdecken und 5–10 Min. bei Raumtemperatur ausdampfen lassen.

5. Zucchini- und Brotscheiben über *direkte mittlere Hitze* legen und bei geschlossenem Deckel grillen, bis die Zucchini knackig-zart und die Brotscheiben leicht geröstet sind. Die Brote brauchen etwa 1 Min. (nur eine Seite rösten), die Zucchini etwa 6 Min., diese einmal wenden. Die fertigen Zutaten vom Grill nehmen. Zucchinischeiben quer halbieren.

6. Die verkohlte Haut der Paprikastreifen abziehen. Das Fruchtfleisch jeweils in 4 Stücke schneiden.

7. Auf eine Arbeitsfläche 4 Brotscheiben mit der gerösteten Seite nach oben legen. Jeweils mit 1 Scheibe Fontina, 1 EL Parmesan und 2–3 Zucchinischeiben belegen, anschließend 2 EL Relish auf den Broten verstreichen. Je 1 Scheibe Brot ohne Belag daraufsetzen und mit 2 Paprikastücken, 3 Basilikumblättern, 1 EL Parmesan und 1 Scheibe Fontina belegen. Die Sandwiche jeweils mit einer unbelegten Brotscheibe, gerös-

tete Seite nach unten, abdecken und auf ein Backblech setzen.

8. Sandwiche auf dem Backblech über **direkter mittlerer Hitze** bei geschlossenem Deckel etwa 8–10 Min. durchwärmen, bis der Käse geschmolzen ist und die Brote knusprig und goldbraun sind, dabei die Sandwiche mit einem Grillwender jeweils zusammendrücken und einmal wenden. Vom Grill nehmen und die gegrillten Doppeldecker mit dem restlichen Relish servieren.

FÜR 4 PERSONEN

GEGRILLTES KÄSE-BIRNEN-SANDWICH

ZUBEREITUNGSZEIT: 15 Min.
GRILLZEIT: etwa 5 Min.
ZUBEHÖR: gelochte Grillpfanne

8 Scheiben Walnussbrot (vorzugsweise mit
  Cranberrys), je etwa 12 x 7 cm groß und
  gut 1 cm dick
3 EL Butter, zerlassen
2 Birnen, nach Belieben geschält,
  Kerngehäuse entfernt, in dünne Scheiben
  geschnitten
100 g eingelegte kleine Zwiebeln
  (aus dem Glas oder selbst gemacht),
  in feine Ringe geschnitten
200 g Gorgonzola (z. B. Dolcelatte) oder ein
  anderer milder Blauschimmelkäse,
  in 0,5 cm dicke Scheiben geschnitten
2 TL Dijon-Senf
2 TL fein gehackte Estragonblätter
50 g kleine zarte Spinatblätter

1. Den Grill für direkte mittlere Hitze
(175–230 °C) vorbereiten (siehe Seite 10–11).

2. Die Brotscheiben auf jeweils einer Seite mit
zerlassener Butter bepinseln. Den Grillrost mit
der Bürste reinigen. Die Brote mit der gebutter-
ten Seite nach unten über *direkter mittlerer Hitze*
bei geöffnetem Deckel etwa 1½ Min. rösten, bis
die Unterseite leicht goldbraun ist. Vom Grill
nehmen und auf eine Arbeitsfläche mit der gerösteten Seite nach unten legen. Die Grillpfanne
über direkter mittlerer Hitze vorheizen. Den
Deckel schließen.

3. Vier Brotscheiben mit jeweils einem Viertel
Birnenscheiben, Zwiebelringen und Käse belegen. Die belegten Brote in der Grillpfanne über
direkter mittlerer Hitze bei geschlossenem
Deckel 3–4 Min. grillen, bis der Käse zu schmelzen beginnt, aber noch keine Blasen wirft oder
Farbe annimmt.

4. Inzwischen die restlichen vier Brote mit
Senf bestreichen und mit Estragon bestreuen.
Die Brote aus der Grillpfanne auf einzelnen
Tellern anrichten und gleichmäßig Spinatblätter daraufhäufen. Mit jeweils einer mit Senf
bestrichenen Brotscheibe, Senf nach unten,
bedecken und die Sandwiche sofort servieren.

FÜR 4 PERSONEN

SANDWICH REUBEN
MIT PORTOBELLO UND ROTKOHL

ZUBEREITUNGSZEIT: 30 Min.
GRILLZEIT: 14–19 Min.
ZUBEHÖR: Grillpfanne

Olivenöl
½ kleiner Kopf Rotkohl, fein gehobelt
2 kleine rote Zwiebeln, in feine Scheiben
   geschnitten
1 TL (gemahlenes) Sauerbratengewürz
60 ml helles Lagerbier
3 EL Rotweinessig
3 EL rotes Johannisbeergelee
grobes Meersalz
frisch gemahlener schwarzer Pfeffer

8 Scheiben Roggenbrot mit Kümmel,
   je etwa 7 x 11 cm

Für den Aufstrich

5 EL körniger Dijon-Senf
5 EL Mayonnaise
5 EL Meerrettich

250 g Greyerzer am Stück,
   in acht Scheiben geschnitten
4 Riesenchampignons (Portobello;
   je etwa 150 g), Stiele und dunkle
   Lamellen entfernt

FÜR 4 PERSONEN

1. In einer großen Pfanne 1½ EL Öl auf mittlerer Stufe erhitzen. Rotkohl und Zwiebeln darin in etwa 10 Min. weich dünsten, häufig umrühren. Sauerbratengewürz, Bier, Essig, Gelee und je ½ TL Salz und Pfeffer unterrühren und den Kohl 7–8 Min. unter häufigem Rühren offen schmoren lassen, bis die Kochflüssigkeit fast vollständig verdampft ist. Pfanne vom Herd nehmen und den Kohl zudeckt warm halten.

2. Den Grill für direkte mittlere Hitze (175–230 ºC) vorbereiten (siehe Seite 10–11). Den Grillrost mit der Bürste reinigen.

3. Die Brote auf beiden Seiten mit Öl bestreichen und über *direkter mittlerer Hitze* bei geschlossenem Deckel 1–2 Min. auf einer Seite rösten. Mit der gerösteten Seite nach oben auf einer Arbeitsfläche auslegen. In einer kleinen Schüssel die Zutaten für den Aufstrich vermischen. Vier Brotscheiben damit bestreichen. Die anderen Scheiben jeweils mit 2 Scheiben Käse belegen. Die Pilze mit Öl einpinseln und mit der Lamellenseite nach unten über *direkter mittlerer Hitze* bei geschlossenem Deckel 10–12 Min. grillen, dabei einmal wenden und bei Bedarf mit weiterem Öl bestreichen, bis sie weich und leicht gebräunt sind. Nach 8 Min. Grillzeit die Käsebrote etwa 2 Min. über direkte mittlere Hitze legen und den Käse schmelzen lassen. Brote auf ein Backblech geben. Je 1 Champignon mit der Lamellenseite nach oben auf eine Brotscheibe mit Aufstrich setzen und die Pilze mit insgesamt ¼ TL Salz würzen. Jeweils mit Rotkohl füllen und mit einem Käsebrot (Käse nach unten) abdecken. Backblech über *direkte mittlere Hitze* stellen und die Sandwiche bei geschlossenem Deckel 3–5 Min. durchwärmen. Vom Grill nehmen und die Brote mit dem übrigen Aufstrich servieren.

TOSTADAS MIT ZUCCHINI, MAIS UND BOHNEN

ZUBEREITUNGSZEIT: 20 Min.
GRILLZEIT: 5–16 Min.

2 gelbe Zucchini (insgesamt etwa 350 g),
    Enden entfernt, längs halbiert
2 Maiskolben, ohne Hüllblätter
Olivenöl
grobes Meersalz
frisch gemahlener schwarzer Pfeffer

Für den Salat

1 Dose schwarze Bohnen (420 g Inhalt),
    abgespült und abgetropft
1 Romanasalatherz (etwa 175 g),
    in 0,5 cm breite Streifen geschnitten
15 Cocktailtomaten, geviertelt
1 Avocado, das Fruchtfleisch in 0,5 cm große
    Würfel geschnitten
2 EL grob gehackte Korianderblätter
½ EL Limettensaft

6 Maistortillas (15 cm Ø)
100 g Feta, zerbröckelt

1. Den Grill für direkte mittlere Hitze
(175–230 °C) vorbereiten (siehe Seite 10–11).

2. Die Zucchini und Maiskolben dünn mit Öl
einpinseln und gleichmäßig mit Salz und Pfeffer
würzen.

3. Den Grillrost mit der Bürste reinigen. Zucchini und Maiskolben über *direkter mittlerer Hitze*
bei geschlossenem Deckel grillen, dabei ein- bis
zweimal wenden, bis die Zucchini weich und die
Mailskolben weich und stellenweise gebräunt
sind. Die Zucchini brauchen 4–6 Min., die Maiskolben 10–15 Min. Fertiges Gemüse vom Grill
nehmen und zum Abkühlen beiseitestellen. Die
Zucchini in 0,5 cm große Würfel schneiden, die
Maiskörner von den Kolben schneiden.

4. In einer großen Schüssel die Zutaten für den
Salat vermischen. Gegrillte Zucchini und Maiskörner unterheben.

5. Die Tortillas über *direkter mittlerer Hitze* bei
geöffnetem Deckel 30–60 Sek. rösten, bis sie
warm und knusprig sind, dabei ein- bis zweimal
wenden. Vom Grill nehmen.

6. Den Salat gleichmäßig auf die Tortillas verteilen, mit Feta bestreuen und die Tostadas sofort
servieren.

FÜR 6 PERSONEN

BOHNEN-PILZE-BURGER

ZUBEREITUNGSZEIT: 40 Min.
KÜHLZEIT: 12–24 Std.
GRILLZEIT: etwa 6 Min.
ZUBEHÖR: Kartoffelstampfer

1 mittelgroße Kartoffel (etwa 200 g), geschält
und in 1–1,5 cm große Würfel geschnitten
Olivenöl
1 EL Butter
1 große Schalotte, fein gewürfelt
225 g kleine braune oder weiße Champignons,
Stiele entfernt, gesäubert, fein zerkleinert
grobes Meersalz
frisch gemahlener schwarzer Pfeffer
¾ TL gemahlener Kreuzkümmel
½ TL getrockneter Oregano
1½ EL halbtrockener oder trockener Sherry
1½ TL zerdrückter Knoblauch
1 Dose schwarze Bohnen (420 g Inhalt),
abgespült und gut abgetropft
1 Ei (Größe L), leicht verquirlt
4 EL fein gehackte Korianderblätter
65 g Walnusskerne, gehackt
80 g japanisches Panko-Paniermehl
(Asia-Laden)

6 Burger-Brötchen, aufgeschnitten
4 EL Mayonnaise
4 EL Dijon-Senf
6 dicke Scheiben Tomate
30 g Feldsalat oder kleine zarte Salatblätter
1 große Avocado, das Fruchtfleisch in
Scheiben geschnitten (nach Belieben)

1. In einem kleinen Topf die Kartoffelwürfel in leicht gesalzenem Wasser in 6–7 Min. weich kochen, dabei aber nicht übergaren. Die Kartoffel in ein Sieb abgießen.

2. In einer großen Pfanne 1 EL Olivenöl mit der Butter auf mittlerer Stufe erhitzen. Die Schalotte darin in 3–4 Min. weich braten, ab und zu umrühren. Die Pilze, ½ TL Salz, ¼ TL Pfeffer, Kreuzkümmel und Oregano dazugeben und 6–8 Min. unter gelegentlichem Rühren braten, bis die Pilze sehr trocken sind. Mit dem Sherry ablöschen und etwa 5 Min. einkochen lassen, bis die Pilze wieder fast trocken sind. Den Knoblauch, die Bohnen und die gegarten Kartoffelwürfel unterrühren und 3 Min. garen. Die Pfanne vom Herd nehmen (die Mischung sollte weiterhin recht trocken sein) und die Bohnen-Pilz-Mischung 10–15 Min. abkühlen lassen.

3. Mit dem Kartoffelstampfer die Bohnen-Pilz-Mischung in der Pfanne zerstampfen, sodass die Mischung nur noch leicht stückig ist. Mit einer Gabel das verquirlte Ei in die Mischung einarbeiten, anschließend den Koriander, die Nüsse und das Paniermehl. Aus der Masse sechs gleich große, etwa 1,5–2 cm dicke Burger mit einem Durchmesser von rund 8 cm formen. Die rohen Burger auf ein Backblech setzen, mit Frischhaltefolie abdecken und 12–24 Std. in den Kühlschrank stellen.

4. Den Grill für direkte starke Hitze (230–290 °C) vorbereiten (siehe Seite 10–11).

5. Die Burger auf beiden Seiten mit Öl einpinseln und gleichmäßig salzen und pfeffern. Den Grillrost mit der Bürste reinigen. Die Burger über

direkter starker Hitze bei geschlossenem Deckel 6 Min. grillen, bis sie durch und durch heiß sind, dabei einmal behutsam wenden. In der letzten Minute die Burger-Brötchen über direkter Hitze kurz rösten. Die Zutaten vom Grill nehmen und die Burger in den Brötchen mit Mayonnaise, Senf, Tomatenscheibe, Salat und nach Belieben mit Avocado anrichten. Sofort servieren.

FÜR 6 PERSONEN

TIPP!
Die Burger bis zum Grillen unbedingt im Kühlschrank aufbewahren.

FALAFEL IN PITA-BROTEN
MIT FETA-GEMÜSE-JOGHURT

ZUBEREITUNGSZEIT: 30–40 Min.
GRILLZEIT: 10–12 Min.

2 Dosen Kichererbsen (je 420 g Inhalt),
    gut abgetropft
3 EL Mehl
2 EL Zitronensaft
2 TL Backpulver
2 TL gemahlener Kreuzkümmel
grobes Meersalz
frisch gemahlener schwarzer Pfeffer
Cayennepfeffer
3 Frühlingszwiebeln, nur die weißen
    und hellgrünen Teile grob gehackt
4 Stängel Koriandergrün, Blätter und
    zarte Stiele gehackt
2 TL zerdrückter Knoblauch
2 Eiweiß (Größe L)
150 g japanisches Panko-Paniermehl
    (Asia-Laden)
1 EL Sesamsamen

Für den Joghurt

250 g griechischer Naturjoghurt
1 große Eiertomate, Stielansatz und
    Kerne entfernt, fein gewürfelt
100 g Salatgurke, entkernt, fein gewürfelt
5 Stängel Koriandergrün, Blätter fein gehackt
50 g Feta, grob zerbröckelt

Öl
8 Pita-Brote (etwa 15 cm Ø)
8 Blätter Romanasalat

1. In der Küchenmaschine die Kichererbsen mit Mehl, Zitronensaft, Backpulver, Kreuzkümmel, ½ TL Salz, ½ TL Pfeffer und ¼ TL Cayennepfeffer glatt pürieren, dabei anhaftende Reste am Rand wieder in die Mischung einarbeiten. Die Mischung in eine große weite Schüssel umfüllen, Frühlingszwiebeln, Koriander und Knoblauch unterrühren. Mit einem Esslöffel aus der Falafelmischung 16 Bällchen formen, je etwa 1,5 cm dick. In einer mittelgroßen Schüssel die Eiweiße mit 1 EL Wasser sehr schaumig schlagen. In einer zweiten mittelgroßen Schüssel das Paniermehl mit den Sesamsamen vermischen. Die Falafelbällchen nacheinander zuerst durch das Eiweiß ziehen, dann gründlich im Paniermehl wenden. Die panierten Bällchen auf einem Backblech beiseitestellen.

2. In einer Servierschüssel die Zutaten für den Joghurt verrühren. Mit Salz, Pfeffer und Cayennepfeffer würzen. Bis zu 30 Min. kalt stellen.

3. Den Grill für direkte mittlere Hitze (175–230 °C) vorbereiten (siehe Seite 10–11).

4. Den Grillrost mit der Bürste reinigen. Die Falafelbällchen auf beiden Seiten mit Öl bestreichen und über **direkter mittlerer Hitze** bei geschlossenem Deckel 10 Min. grillen, dabei einmal wenden, bis sie auf beiden Seiten knusprig und goldgelb sind. Kurz vor Ende der Grillzeit die Pita-Brote etwa 2 Min. auf den Grillrost legen, dabei einmal wenden, bis sie warm, aber nicht knusprig sind. Falafel und Brote vom Grill nehmen. Die Pita-Brote halbieren, jede Hälfte mit einem Salatblatt auslegen, mit 2 Falafelbällchen füllen und einen Klecks Joghurt daraufgeben. Mit dem restlichen Joghurt servieren.

FÜR 8 PERSONEN

KALTE SESAM-ERDNUSS-NUDELN
MIT ORANGEN UND ZUCCHINI

ZUBEREITUNGSZEIT: 15 Min.
KÜHLZEIT: ½–4 Std.
GRILLZEIT: 6–10 Min.

450 g Soba-Nudeln oder Vollkorn-Capellini
2 EL geröstetes Sesamöl

Für die Sauce

170 g feine Erdnusscreme
3 EL Reisessig
3 EL salzarme Sojasauce
2 EL Vollrohrzucker
2 EL Erdnussöl
Saft von 1 großen Limette
1 EL zerdrückter Knoblauch
2½ TL frisch geriebener Ingwer
1 TL rote Chilipaste (oder nach Geschmack)

2 Frühlingszwiebeln, nur die weißen
    und hellgrünen Teile in feine Ringe
    geschnitten
3 große Orangen
4 kleine grüne Zucchini, die Enden entfernt,
    längs in 0,5 cm dicke Scheiben geschnitten
Olivenöl
¼ TL grobes Meersalz
¼ TL frisch gemahlener Pfeffer
½ TL dunkler Vollrohrzucker

2 EL in feine Ringe geschnittene
    dunkelgrüne Teile der Frühlingszwiebeln

1. Wasser in einem großen Topf zum Kochen bringen und die Nudeln darin ohne Salz bissfest garen; Soba-Nudeln brauchen dafür 2 Min., die Capellini 3–4 Min. Eventuelle Klumpen durch Rühren auflösen. Die Nudeln abseihen und sofort unter fließendem kaltem Wasser gründlich abspülen. Nudeln im Sieb trockenschwenken, anschließend in eine große flache Schüssel umfüllen und mit dem Sesamöl vermischen, damit sie nicht zusammenkleben.

2. Die Zutaten für die Sauce mit 5 EL heißem Wasser in der Küchenmaschine oder im Mixer glatt rühren. Sauce und Frühlingszwiebeln zu den Nudeln geben und durchmischen. Abgedeckt mind. 30 Min. oder bis zu 4 Std. kalt stellen.

3. Den Grill für direkte starke Hitze (230–290 °C) vorbereiten (siehe Seite 10–11).

4. Mit einem scharfen Messer die Schale und die weiße Haut darunter von den Orangen abschneiden, anschließend das Fruchtfleisch quer in 2,5 cm dicke Scheiben schneiden (das ergibt pro Orange etwa 3 Scheiben). Orangen- und Zucchinischeiben auf beiden Seiten dünn mit Öl bestreichen. Die Zucchinischeiben gleichmäßig mit Salz und Pfeffer würzen, die Orangenscheiben mit dem Zucker bestreuen.

5. Den Grillrost mit der Bürste reinigen. Orangen und Zucchini über **direkter starker Hitze** bei geschlossenem Deckel 6–10 Min. grillen, bis sie schön gebräunt sind, dabei einmal wenden. Vom Grill nehmen, Orangenscheiben vierteln, Zucchini grob würfeln. Die Nudeln mit den Frühlingszwiebeln bestreuen und zusammen mit den Orangen und Zucchini servieren.

FÜR 4 PERSONEN

PAPPARDELLE MIT GEGRILLTEN BROKKOLINI, CHAMPIGNONS
UND KNOBLAUCH-PETERSILIEN-BRÖSELN

ZUBEREITUNGSZEIT: 30 Min.
GRILLZEIT: 13–14 Min.
ZUBEHÖR: gusseiserne Pfanne mit hohem Rand (30 cm Ø), gelochte Grillpfanne

Für die Brösel

1 große Bio-Zitrone
50 g japanisches Panko-Paniermehl
    (Asia-Laden)
2–3 EL grob gehackte glatte Petersilienblätter
1 EL zerdrückter Knoblauch
Olivenöl

350 g Pappardelle oder Fettuccine
    (italienische Bandnudeln)
450 g Brokkolini, geputzt
1 kleine rote Paprikaschote,
    in 1 cm breite Streifen geschnitten
300 g kleine braune oder weiße Champignons,
    Stiele entfernt, in 0,5 cm dicke Scheiben
    geschnitten
grobes Meersalz
frisch gemahlener schwarzer Pfeffer
175 g Mascarpone, streichfähig
175 g weicher Ziegenkäse

1. Für die Brösel die Schale der Zitrone fein abreiben. Den Saft auspressen und beiseitestellen. In einer mittelgroßen Pfanne das Paniermehl mit Petersilie, Knoblauch, 2 TL Öl und der Zitronenschale vermischen und auf mittlerer bis hoher Stufe in 3–4 Min. goldbraun rösten, dabei häufig umrühren. Vom Herd nehmen und beiseitestellen.

2. In einem großen Topf Salzwasser zum Kochen bringen und die Nudeln darin bissfest garen. In ein Sieb abgießen, dabei 1 Tasse Nudelwasser (etwa 230 ml) auffangen. Nudeln in die gusseiserne Pfanne geben, 1½ EL Öl und die Hälfte des aufgefangenen Nudelwassers hinzufügen und gut vermischen (auf diese Weise kleben die Nudeln nicht zusammen).

3. Brokkolini in 2,5 cm lange Stücke schneiden. Stiele, die dicker als 1 cm sind, der Länge nach halbieren. Brokkolini, Paprika und Pilze in einer großen Schüssel mit etwas Öl vermengen, sodass sie leicht davon überzogen sind, anschließend mit Salz und Pfeffer würzen.

4. Den Grill für direkte mittlere Hitze (175–230 °C) vorbereiten (siehe Seite 10–11) und die Grillpfanne vorheizen.

5. In einer kleinen Schüssel Mascarpone und Ziegenkäse mit einer Gabel zerdrücken und mit ¾ TL Salz und ½ TL Pfeffer glatt rühren.

6. Gemüse und Pilze in einer Lage in der Grillpfanne verteilen und über **direkter mittlerer Hitze** bei geschlossenem Deckel etwa 10 Min. grillen, bis sie etwas weich und stellenweise goldbraun geworden sind, dabei zwei- bis dreimal wenden.

7. Die Grillpfanne mit isolierten Grillhandschuhen auf eine hitzefeste Unterlage stellen
und die Pfanne mit den Nudeln über **direkter
mittlerer Hitze** platzieren. Gegrilltes Gemüse
und Pilze in die Pfanne geben und bei geschlossenem Deckel 2–3 Min. durchwärmen, dabei
gelegentlich wenden. Die Käsemasse hinzufügen, die Zutaten sorgfältig vermischen und bei

Bedarf die Nudeln mit ein paar Esslöffeln
des restlichen Nudelwassers auflockern. Die
Pfanne vom Grill nehmen, die Nudeln nach
Geschmack mit Zitronensaft beträufeln und die
Knoblauch-Petersilien-Brösel darüberstreuen.
Sofort servieren.

FÜR 6 PERSONEN

ASIA-NUDELN
MIT GEGRILLTEM TOFU UND GEMÜSE

ZUBEREITUNGSZEIT: 40 Min.
GRILLZEIT: etwa 18 Min.

Für das Dressing
6 EL feine Erdnusscreme
6 EL Honig
6 EL Reisessig
2 EL scharfe Chili-Knoblauch-Sauce
   (z. B. Sriracha aus dem Asia-Laden)
2 EL Sojasauce

grobes Meersalz
frisch gemahlener schwarzer Pfeffer
250 g japanische Soba-Nudeln
   (ersatzweise italienische Linguine)
4 EL Sesamöl (geröstet)

400 g extrafester Tofu, abgetropft,
   längs in 1,25 cm dicke Scheiben geschnitten,
   die Scheiben trockengetupft
1 ovale Aubergine (400–450 g), in 1,25 cm
   dicke Scheiben geschnitten
10 Shiitake-Pilze (etwa 175 g), Stiele entfernt
4 Mini-Pak-Choi (etwa 125 g), längs halbiert

4 Frühlingszwiebeln, nur die weißen
   und hellgrünen Teile fein gehackt
4 EL grob gehackte Korianderblätter
100 g geröstete und gesalzene Erdnusskerne,
   grob gehackt

1. Die Zutaten für das Dressing im Mixer glatt rühren. Mit Salz und Pfeffer abschmecken.

2. Den Grill für direkte mittlere Hitze (175–230 °C) vorbereiten (siehe Seite 10–11).

3. Soba-Nudeln in einem großen Topf mit Salzwasser nach Packungsanleitung knapp bissfest garen. In ein großes Sieb abgießen und unter fließendem kaltem Wasser abspülen, bis die Nudeln vollständig abgekühlt sind. Anschließend im Sieb trockenschwenken, in eine große Schüssel umfüllen und mit 1 EL Sesamöl vermischen.

4. Den Grillrost mit der Bürste reinigen und mit einem Bogen extrastarker (möglichst beschichteter) Alufolie abdecken. Die Tofuscheiben auf beiden Seiten mit etwas Dressing bestreichen, nebeneinander auf die Folie legen und über *direkter mittlerer Hitze* bei geschlossenem Deckel etwa 8 Min. grillen, dabei mit einem Grillwender mit biegsamer Hebefläche einmal wenden, bis beide Seiten goldbraun und gut erhitzt sind. Tofuscheiben auf ein Schneidbrett heben und zum Warmhalten locker mit Alufolie abdecken.

5. Aubergine, Pilze und Pak Choi rundherum dünn mit den restlichen 3 EL Sesamöl einpinseln und gleichmäßig mit insgesamt ½ TL Salz und ¼ TL Pfeffer würzen.

6. Die Alufolie vom Grillrost entfernen, den Rost bei Bedarf nochmals mit der Bürste reinigen. Gemüse und Pilze über *direkter mittlerer Hitze* bei geschlossenem Deckel grillen, bis sie weich und schön gemustert sind, dabei einmal wenden. Die Auberginenscheiben brauchen etwa 10 Min., die Pilze rund 8 Min. und die Pak-Choi-Hälften um die 6 Min. Fertige Zutaten vom Grill nehmen.

7. Gemüse, Pilze und Tofu in mundgerechte Stücke schneiden und in die Schüssel zu den Nudeln geben. Dressing darübergießen und alles behutsam vermischen. Asia-Nudeln auf Serviertellern anrichten und mit Frühlingszwiebeln, Koriander und Erdnüssen bestreut servieren.

FÜR 4 PERSONEN

PENNE MIT FENCHEL UND ZUCCHINI
IN ZITRONIGER SAHNESAUCE

ZUBEREITUNGSZEIT: 30 Min.
GRILLZEIT: 6–10 Min.

1 mittelgroße Fenchelknolle mit Fenchelgrün
3 große Zucchini (insgesamt etwa 450 g),
   längs halbiert, Kerne entfernt
225 g Zuckerschoten, bei Bedarf entfädelt,
   schräg halbiert
3 EL Olivenöl
¾ TL grobes Meersalz
¾ TL frisch gemahlener schwarzer Pfeffer

250 g Penne
100 g Parmesan, frisch gerieben
100 g Sahne
1 EL fein abgeriebene Schale von 1 Bio-Zitrone
2 EL Zitronensaft
1 TL zerstoßene Fenchelsammen
1 Bio-Zitrone, in Spalten geschnitten

1. Die dicken Stiele und den Wurzelansatz vom Fenchel abschneiden. Fenchelgrün grob hacken und beiseitestellen. Die Knolle längs halbieren, in etwa 1,5 cm dicke Spalten schneiden und den harten Strunk nur so weit herausschneiden, dass die Blätter noch zusammenhalten. Fenchel, Zucchini und Zuckerschoten jeweils in mittelgroße Schüsseln geben und mit je 1 EL Öl, ¼ TL Salz und ¼ TL Pfeffer anmachen.

2. Den Grill für direkte mittlere bis starke Hitze (200–260 °C) vorbereiten (siehe Seite 10–11).

3. Den Grillrost mit der Bürste reinigen. Fenchel und Zucchini über *direkter mittlerer bis starker Hitze* bei geschlossenem Deckel grillen, bis der Fenchel weich wird und die Zucchini knackig-zart und leicht gebräunt sind, dabei einmal wenden. Der Fenchel braucht 8–10 Min., die Zucchini etwa 6 Min. Fertiges Gemüse vom Grill nehmen und quer in 1 cm breite Stücke schneiden.

4. Die Nudeln in kochendem Salzwasser biss-fest garen. Vor dem Abgießen 250 ml Kochwasser abschöpfen, die Nudeln abseihen und zurück in den Topf füllen. Nudeln mit dem gegrillten Gemüse, drei Viertel des Parmesans, Sahne, Zitronenschale und -saft und den Fenchelsamen vermischen und die Hälfte des Nudelwassers unterrühren. Auf mittlerer bis hoher Stufe unter ständigem Rühren etwa 5 Min. köcheln lassen, bei Bedarf esslöffelweise weiteres Nudelwasser untermischen, bis die Nudeln mit Sauce über-zogen sind. Am Schluss gehacktes Fenchelgrün nach Geschmack untermischen. Nudeln in einer großen Servierschüssel anrichten und mit dem übrigen Parmesan bestreuen. Warm servieren und die Zitronenspalten dazu reichen.

74

FÜR 4 PERSONEN

SPÄTZLE MIT KARAMELLISIERTEN ZWIEBELN
UND EIERN

ZUBEREITUNGSZEIT: 50 Min.
GRILLZEIT: 15–20 Min.
ZUBEHÖR: Spätzlehobel, gelochte Grillpfanne, gusseiserne Pfanne

Für die Spätzle

4 Eier (Größe L)
120 ml Milch oder Wasser
250 g Mehl
1 TL grobes Meersalz
½ TL frisch geriebene Muskatnuss

Olivenöl
500 g rote Zwiebeln, in 0,5 cm dicke
   Halbringe geschnitten
200 g Perlzwiebeln, geschält
1 TL grobes Meersalz
½ TL frisch gemahlener schwarzer Pfeffer
2 TL Zucker
2 EL Butter
3 hart gekochte Eier, gehackt
1½ EL fein gehackte Thymianblätter

FÜR 4 PERSONEN

TIPP!

Wenn Zeit knapp ist, können Sie auch frische oder getrocknete Spätzle für dieses Rezept verwenden.

1. Für die Spätzle in einer kleinen Schüssel die Eier mit der Milch oder dem Wasser verquirlen. In einer großen Schüssel Mehl, Salz und Muskatnuss vermischen und in die Mitte eine Mulde drücken. Die Eier in die Mulde gießen und mit einem Holzlöffel langsam mit dem Mehl verrühren, dafür nach und nach das Mehl vom Rand einarbeiten, bis ein zähflüssiger Teig entsteht. In einem großen Topf reichlich Salzwasser zum Köcheln bringen und 1 EL Öl hinzufügen. Den Spätzlehobel auf den Topf über das siedende Wasser setzen. Die Hälfte des Teigs in den Hobel füllen und Spätzle ins Wasser reiben. Wenn nach etwa 30 Sek. alle Spätzle an die Oberfläche gestiegen sind, einmal behutsam umrühren und die Spätzle weitere 20 Sek. garziehen lassen. Mit einem Schaumlöffel in ein Sieb geben und abtropfen lassen. Den restlichen Teig genauso zu Spätzle verarbeiten. Spätzle beiseitestellen.

2. Den Grill für direkte und indirekte schwache Hitze (120–175 °C) vorbereiten (siehe Seite 10–11). Die Grillpfanne über direkter Hitze, die Gusseisenpfanne über indirekter Hitze vorheizen.

3. In einer zweiten großen Schüssel alle Zwiebeln mit 1 EL Öl, Salz, Pfeffer und Zucker vermengen. Zwiebeln in einer Lage in der Grillpfanne verteilen und über *direkter schwacher Hitze* bei geschlossenem Deckel 15–20 Min. grillen, bis sie gebräunt und weich sind, dabei ein- bis zweimal umrühren. Inzwischen die Butter in die Gusseisenpfanne geben, die Spätzle hinzufügen und unter Rühren mit der Butter überziehen. Spätzle in der Pfanne über *indirekter schwacher Hitze* warm halten, bis die Zwiebeln fertig sind. Alles vom Grill nehmen. Spätzle mit den Zwiebeln, den gehackten Eiern und dem Thymian bestreuen und heiß aus der Pfanne servieren.

MAIS-POLENTA
MIT BOHNEN-PICADILLO

ZUBEREITUNGSZEIT: 40 Min.
KÜHLZEIT: mind. 2 Std.
GRILLZEIT: etwa 15 Min.
ZUBEHÖR: quadratisches Backblech
(20–23 cm groß)

Für die Polenta

60 g Butter, gewürfelt
grobes Meersalz
frisch gemahlener schwarzer Pfeffer
170 g Polenta (Maisgrieß)
180 g frische Maiskörner
   (von 1 großem Maiskolben)

Für das Picadillo

Olivenöl
1 grüne Paprikaschote, fein gewürfelt
1 kleine Zwiebel, fein gewürfelt
1 EL zerdrückter Knoblauch
2 TL gemahlener Kreuzkümmel
1½ TL Chilipulver (Gewürzmischung)
¼ TL gemahlene Nelken
1 Dose weiße Kidneybohnen (540 g Inhalt),
   abgespült
1 Dose stückige Tomaten (420 g Inhalt)
100 g mit Paprika gefüllte grüne Oliven,
   abgetropft, halbiert
50 g Rosinen
2 TL Rotweinessig
1 TL Zucker

2 EL fein gehackte Korianderblätter

1. Für die Polenta das Backblech mit Alufolie auskleiden, dabei die Folie großzügig über dem Rand stehen lassen. In einem großen schweren Topf 1 l Wasser mit der Butter, 1 TL Salz und ¼ TL Pfeffer zum Kochen bringen. Nach und nach den Maisgrieß unter Rühren einstreuen und 2–3 Min. weiterrühren, bis die Mischung dickflüssig wird. Die Temperatur auf kleine Stufe stellen und die Polenta zugedeckt 5 Min. köcheln lassen, dabei gelegentlich umrühren. Die Maiskörner unterrühren. Im verschlossenen Topf die Polenta weitere 10 Min. köcheln lassen, bis sie sehr dick und weich ist, dabei häufig umrühren. Den heißen Polentabrei auf das Blech geben und gleichmäßig verstreichen. Etwas abkühlen lassen, anschließend nicht abgedeckt für mind. 2 Std. kalt stellen, bis die Polenta fest ist (siehe auch den Tipp rechts unten).

2. Den Grill für direkte mittlere Hitze (175–230 ºC) vorbereiten (siehe Seite 10–11).

3. In einer großen schweren Pfanne 60 ml Olivenöl auf mittlerer bis hoher Stufe erhitzen. Paprika und Zwiebel darin in 5–7 Min. weich dünsten. Den Knoblauch und die trockenen Gewürze dazugeben und 1 Min. unter Rühren garen. Die Pfanne vom Herd nehmen und die restlichen Zutaten für das Picadillo hineingeben. Zum Köcheln bringen, dabei häufig umrühren, die Hitze auf kleine Stufe stellen und alles zugedeckt etwa 5 Min. sanft köcheln lassen, dabei ab und zu umrühren. Die Pfanne vom Herd nehmen, Picadillo mit Salz und Pfeffer würzen und warm halten.

4. Die Polenta mithilfe des überstehenden Folienrands aus dem Backblech heben und auf eine Arbeitsfläche stürzen. Folie abziehen.

Die Polenta in vier quadratische Scheiben schneiden und jede Scheibe auf beiden Seiten mit Öl bestreichen.

5. Den Grillrost mit der Bürste reinigen. Die Polentascheiben über *direkter mittlerer Hitze* bei geschlossenem Deckel 15 Min. grillen, dabei einmal wenden, bis sie goldbraun und heiß sind. Vom Grill nehmen. Polentascheiben und Picadillo auf Tellern anrichten, mit Korianderblättern bestreuen und sofort servieren.

FÜR 4 PERSONEN

TIPP!

Die Polenta kühlt schneller aus und wird fest, wenn Sie das Blech auf Kühlakkus stellen.

AUBERGINEN-POLENTA-TÜRMCHEN
MIT WÜRZIGEM CRANBERRY-ZITRONEN-CHUTNEY

ZUBEREITUNGSZEIT: 25–30 Min.
GRILLZEIT: 16–20 Min.

Für das Chutney
150 g milde Zwiebeln, fein gewürfelt
125 g getrocknete Cranberrys
   (ersatzweise getrocknete Kirschen)
100 g Sultaninen
125 ml Apfelessig
3 EL Zucker
1 EL fein abgeriebene Bio-Zitronenschale
2 EL Zitronensaft
¼ TL zerstoßene rote Chiliflocken

75 ml Olivenöl
2 TL zerdrückter Knoblauch
¾ TL grobes Meersalz
¼ TL frisch gemahlener schwarzer Pfeffer

1 große ovale Aubergine (550–650 g),
   quer in 1 cm dicke Scheiben geschnitten
650 g gegarte Polenta (siehe Tipp auf Seite 79),
   in 1 cm dicke Scheiben geschnitten
16 Basilikumblätter

1. In einem mittelgroßen Topf die Zutaten für das Chutney vermengen. Die Mischung auf mittlerer bis hoher Stufe zum Kochen bringen, anschließend auf kleiner Stufe 15–20 Min. köcheln lassen, bis die Flüssigkeit fast vollständig eingekocht ist, dabei gelegentlich umrühren. Den Topf vom Herd nehmen und bei Raumtemperatur beiseitestellen.

2. Den Grill für direkte mittlere Hitze (175–230 °C) vorbereiten (siehe Seite 10–11).

3. In einer kleinen Schüssel Öl, Knoblauch, Salz und Pfeffer verrühren. Auberginen- und Polentascheiben auf beiden Seiten leicht damit bestreichen.

4. Den Grillrost mit der Bürste reinigen. Aubergine und Polenta über *direkter mittlerer Hitze* bei geschlossenem Deckel grillen, bis die Auberginenscheiben weich und gebräunt sind und die Polenta knusprig und goldgelb ist, dabei einmal wenden. Die Aubergine braucht 10–12 Min., die Polenta 6–8 Min. Vom Grill nehmen.

5. Zum Servieren abwechselnd die Auberginen- und Polentascheiben sowie die Basilikumblätter jeweils auf einem Teller übereinanderstapeln und einen Klecks Chutney daraufgeben. Warm oder abgekühlt servieren.

FÜR 4 PERSONEN

78

POLENTASCHNITTEN
MIT APFEL, BLAUSCHIMMELKÄSE UND ROSMARIN

ZUBEREITUNGSZEIT: 20 Min.
KÜHLZEIT: mind. 1 Std.
GRILLZEIT: 4–6 Min.

Für die Polenta

500 ml Gemüsebrühe
250 ml Milch
1 TL grobes Meersalz
250 g Polenta (Maisgrieß)

Olivenöl

75 ml Weinbrand
1 EL Apfelessig
150 g getrocknete Apfelringe, klein gehackt
100 g Blauschimmelkäse, zerbröckelt

2 TL gehackte Rosmarinnadeln
1 EL Honig

TIPP!

Sie sparen Zeit, wenn Sie fertige Polenta verwenden, die es als »Polenta pronta« im italienischen Feinkostladen gibt.

1. Für die Polenta in einem großen Topf Brühe, Milch und Salz auf mittlerer Stufe aufkochen. Die Hitze auf kleine Stufe stellen und den Maisgrieß unter Rühren einrieseln lassen. 15–20 Min. unter Rühren garen, bis der Maisbrei sehr dick und nicht mehr körnig ist. Vom Herd nehmen.

2. Ein 20 x 30 cm großes Backblech mit Rand mit 1 EL Öl ausstreichen. Den heißen Maisbrei mit einer Palette, die Sie mehrmals in kaltes Wasser tauchen, gleichmäßig 1 cm dick darauf verstreichen. Abdecken und für mind. 1 Std. bei Raumtemperatur abkühlen und fest werden lassen oder bis zu 24 Std. kalt stellen.

3. In einer mittelgroßen Schüssel den Brandy mit 75 ml heißem Wasser und dem Essig verrühren und die getrockneten Äpfel darin 20 Min. einweichen. Abseihen und in einer mittelgroßen Schüssel mit dem Blauschimmelkäse vermischen.

4. Den Grill für direkte mittlere Hitze (175–230 °C) vorbereiten (siehe Seite 10–11).

5. Die Polenta auf ein Schneidbrett stürzen, mehrmals auf den Blechboden klopfen, falls sie sich nicht löst, und in 6–8 Stücke schneiden.

6. Den Grillrost mit der Bürste reinigen. Die Polentastücke mit der eingeölten Seite nach unten über *direkte mittlere Hitze* legen. Die Apfel-Käse-Mischung auf den Stücken verteilen und die Polentaschnitten bei geschlossenem Deckel 4–6 Min. grillen, bis sie warm sind und der Käse zerläuft. Nicht wenden. Polenta auf einer Servierplatte anrichten, mit Rosmarin bestreuen und mit Honig beträufeln. Warm oder abgekühlt servieren.

FÜR 6–8 PERSONEN ALS VORSPEISE

MÖHREN-MAIS-RISOTTO
MIT GEMÜSERELISH

ZUBEREITUNGSZEIT: 40 Min.
GRILLZEIT: 22–24 Min.
ZUBEHÖR: gusseiserne Pfanne (30 cm Ø)

Für das Relish

200 g kleine junge Möhren, geschält,
    in 0,5 cm große Würfel geschnitten
1 EL Dijon-Senf
1 EL Zitronensaft
½ TL grobes Meersalz
¼ TL frisch gemahlener schwarzer Pfeffer
2 EL Olivenöl
½ mittelgroße Fenchelknolle (etwa 100 g),
    fein gewürfelt
2 EL fein gewürfelte rote Zwiebel
2 EL fein gehackte Essiggurken
2 EL feinste Kapern, abgetropft, fein gehackt
2 EL fein gehacktes Fenchelgrün

700 ml Möhrensaft (Fertigprodukt)
700 ml Gemüsebrühe
2 EL Butter
1 EL Olivenöl
2 große Schalotten, fein gewürfelt
400 g Risotto-Reis (vorzugsweise Arborio)
225 g frische Maiskörner (von etwa 2 Maiskolben) oder TK-Maiskörner, aufgetaut
¾ TL grobes Meersalz
½ TL gemahlener weißer Pfeffer
50 g Parmesan, frisch gerieben

1. Für das Relish die Möhren in kochendem, leicht gesalzenem Wasser 2 Min. blanchieren. In ein Sieb abgießen und sofort unter fließendem kaltem Wasser abspülen, um den Garprozess zu stoppen. Möhren mit Küchenpapier trockentupfen. In einer mittelgroßen Schüssel den Senf mit Zitronensaft, Salz, Pfeffer und Öl verrühren. Die Möhren und die übrigen Zutaten für das Relish dazugeben und vermischen. Abdecken und bei Raumtemperatur bis zu 2 Std. ziehen lassen.

2. Den Grill für direkte starke Hitze (230–290 °C) vorbereiten (siehe Seite 10–11).

3. Möhrensaft und Gemüsebrühe in einem mittelgroßen Topf aufkochen. Anschließend den Topf zugedeckt neben den Grill stellen.

4. Die gusseiserne Pfanne über **direkte starke Hitze** stellen, Butter und Öl in die Pfanne geben. Wenn die Butter geschmolzen ist, die Schalotten hinzufügen und unter gelegentlichem Rühren in 2–3 Min. weich dünsten, ohne dass sie Farbe annehmen. Den Reis einfüllen und 2–3 Min. rühren, bis die Körner glasig sind. Von der heißen Saft-Brühe 125 ml zugießen und unter ständigem Rühren den Reis einen Großteil der Flüssigkeit aufnehmen lassen. Mit jeweils 125 ml heißer Flüssigkeit so fortfahren, bis der Reis nach insgesamt etwa 18 Min. cremig ist, die Körner aber noch etwas Biss haben. Etwa 1 Min. vor Ende der Garzeit den Mais unterheben.

5. Sobald der Reis fertig ist, mit Salz und Pfeffer würzen und den Parmesan unterrühren. Den Risotto in einer vorgewärmten Servierschüssel anrichten und das Gemüserelish obendrauf geben. Sofort servieren.

GEBRATENER REIS
MIT ZITRONENGRAS UND ZUCKERSCHOTEN

ZUBEREITUNGSZEIT: 40 Min.
GRILLZEIT: 9–11 Min.
ZUBEHÖR: gusseiserne Pfanne (30 cm Ø)
oder Wok

3 EL Öl (vorzugsweise Erdnussöl)
1 EL Chili-Öl
2 Zwiebeln, fein gewürfelt
3 Stängel Zitronengras, nur die weißen Teile
   fein gehackt
1 EL frisch geriebener Ingwer
1 EL zerdrückter Knoblauch
750 g gegarter weißer Kurzkornreis
   (entspricht etwa 250 g rohem Reis), gekühlt
2 EL Sojasauce
175 g Zuckerschoten
1 große rote Paprikaschote (etwa 150 g),
   gewürfelt
4 Eier (Größe L), leicht verquirlt

1. Den Grill für direkte starke Hitze (230–290 °C) vorbereiten (siehe Seite 10–11) und die gusseiserne Pfanne oder den Wok vorheizen.

2. Beide Öle in der Pfanne oder im Wok heiß werden lassen. Die Zwiebeln und das Zitronengras darin über *direkter starker Hitze* bei geöffnetem Deckel 2–3 Min. braten, bis die Zwiebeln etwas Farbe annehmen. Ingwer und Knoblauch dazugeben und etwa 30 Sek. mitgaren. Sofort den kalten gegarten Reis in die Pfanne geben und mit einem langstieligen Grillwender etwas auflockern. Die Sojasauce zugießen und den Reis unter ständigem Rühren 4–5 Min. braten, bis er zu bräunen beginnt. Zuckerschoten und Paprikawürfel zufügen und 1 Min. mitbraten. Verquirlte Eier in die Pfanne gießen und unter Rühren etwa 1 Min. stocken lassen. Die Pfanne mit isolierten Grillhandschuhen vom Rost nehmen und den Reis in der Pfanne 5 Min. ruhen lassen. Direkt aus der Pfanne warm servieren.

FÜR 4 PERSONEN

LINSEN-ERBSEN-KÜCHLEIN
MIT CURRY UND KIWI-MINZE-CHUTNEY

ZUBEREITUNGSZEIT: etwa 1 Std.
KÜHLZEIT: 1 Std.
GRILLZEIT: 14–16 Min.

Für die Küchlein

125 g braune Linsen
125 g grüne Schälerbsen
1 Ei (Größe L)
1 Eiweiß (Größe L)
2 EL Rapsöl
2 TL Backpulver
2 TL Currypulver
1 TL reines Chilipulver
grobes Meersalz
frisch gemahlener schwarzer Pfeffer
35 g TK-Erbsen, aufgetaut
25 g japanisches Panko-Paniermehl
 (Asia-Laden)
5 Stängel Minze, die Blätter fein gehackt
6 Frühlingszwiebeln, nur die weißen
 und hellgrünen Teile fein gehackt
2 EL fein gewürfelte rote Zwiebeln

Olivenöl

Für das Chutney

20 g Minzeblätter (etwa 40 Stück)
90 ml Kokosmilch
2 mittelgroße Kiwis, geschält, fein gewürfelt
2–3 EL Limettensaft
½–1 TL fein gehackte eingelegte Jalapeño-
 Ringe mit Samen (aus dem Glas)

200 g griechischer Naturjoghurt

1. In einem großen Topf Wasser zum Kochen bringen und die Linsen und Erbsen darin weich garen. In ein großes Sieb abgießen, gut abtropfen lassen, salzen und anschließend 1 Std. in den Kühlschrank stellen.

2. In der Küchenmaschine die Hülsenfrüchte mit dem Ei, Eiweiß, Rapsöl, Back-, Curry- und Chilipulver sowie 1½ TL Salz und ½ TL Pfeffer glatt pürieren. Das Püree in eine große Schüssel umfüllen und die restlichen Zutaten für die Küchlein untermischen. Die Mischung 15–20 Min. ruhen und fester werden lassen. Mit eingeölten Händen daraus zwölf jeweils 1 cm dicke Küchlein formen. Die Küchlein auf einem umgedrehten Backblech auf einen großen Bogen extrastarke Alufolie setzen, der später auf den Grillrost passt.

3. Für das Chutney Minzeblätter, Kokosmilch, Kiwis, 2 EL Limettensaft und 1 TL Jalapeño-Ringe in der Küchenmaschine nicht ganz glatt pürieren, sodass die Mischung noch etwas Struktur hat. Das Chutney mit ¼ TL Salz und nach Geschmack mit weiterem Limettensaft und gehackten Jalapeño-Ringen würzen und in eine Schüssel umfüllen.

4. Den Grill für direkte mittlere Hitze (175–230 ºC) vorbereiten (siehe Seite 10–11).

5. Die Alufolie mit den Küchlein von der Unterseite des Backblechs behutsam auf den Grillrost ziehen und die Küchlein über *direkter mittlerer Hitze* bei geschlossenem Deckel 14–16 Min. grillen, dabei einmal wenden, bis sie schön gebräunt sind und sich auf Druck fest anfühlen. Vom Grill nehmen und warm mit dem Chutney und dem Joghurt servieren.

FÜR 4 PERSONEN

PAELLA
MIT SAFRANBRÜHE, ERBSEN UND JOHANNISBEEREN

ZUBEREITUNGSZEIT: 15 Min.
GRILLZEIT: 41–43 Min.
ZUBEHÖR: gusseiserne Pfanne (28 cm Ø)

1 l salzarme Gemüsebrühe
125 ml halbtrockener Weißwein
   (z. B. Riesling)
100 g Johannisbeeren
1 TL grobes Meersalz
½ TL frisch gemahlener schwarzer Pfeffer

60 ml Olivenöl
100 g Mandelstifte
1 große Zwiebel, grob gewürfelt
1½ EL zerdrückter Knoblauch
¼ TL Safranfäden
400 g Risotto-Reis (vorzugsweise Arborio)

200 g feine TK-Erbsen
3 eingelegte geröstete rote Paprikaschoten
   (aus dem Glas), in Streifen geschnitten
2 Bio-Zitronen, in Spalten geschnitten

FÜR 4–6 PERSONEN

TIPP!

Die Zitronenspalten in den letzten
30–60 Sek., in denen die Paella gart,
über *direkter mittlerer Hitze* grillen,
dabei einmal wenden.

1. Den Grill für direkte mittlere Hitze (175–230 °C) vorbereiten (siehe Seite 10–11).

2. In einem mittelgroßen Topf die Brühe mit Wein, Johannisbeeren, Salz und Pfeffer bis zum Siedepunkt erhitzen. Topf vom Herd nehmen und einen Deckel auflegen. Die heiße Brühe, alle restlichen Zutaten und notwendigen Küchenwerkzeuge neben dem Grill bereitstellen.

3. Die gusseiserne Pfanne über *direkte mittlere Hitze* stellen, das Öl hineingießen und die Mandelstifte darin in 5–7 Min. goldbraun braten. Mit einem Schaumlöffel in eine kleine Schüssel geben. Zwiebeln in die Pfanne geben und bei geschlossenem Grilldeckel in etwa 5 Min. weich und leicht goldgelb dünsten, ab und zu umrühren. Knoblauch und Safran 2 Min. mitgaren, den Reis zufügen und unter gelegentlichem Rühren mit einem Holzlöffel 3 Min. garen, bis die Körner leicht glasig werden und zu bräunen beginnen.

4. Mit einem Schaumlöffel die Johannisbeeren aus der Brühe fischen und zu den Mandeln geben. Langsam die Brühe in die Pfanne gießen und über *direkter mittlerer Hitze* bei geschlossenem Deckel etwa 20 Min. köcheln lassen, bis sie fast vollständig vom Reis aufgenommen wurde, der Reis aber noch nicht ganz weich ist. Dabei in regelmäßigen Abständen prüfen, ob die Zutaten gleichmäßig garen, bei Bedarf die Pfanne umplatzieren. Ohne zu Rühren Mandeln, Johannisbeeren und Erbsen gleichmäßig über den Reis streuen. Die Paprikastreifen rundherum am Pfannenrand platzieren. Den Grilldeckel schließen und die Paella weitere 6 Min. garen. Die Pfanne mit Grillhandschuhen vom Grill nehmen und nach Belieben die heiße Paella direkt aus der Pfanne servieren. Zitronenspalten dazu reichen.

BROTSALAT
MIT QUINOA, GURKEN, GEGRILLTEN TOMATEN UND KRÄUTERDRESSING

ZUBEREITUNGSZEIT: 25 Min.
GRILLZEIT: 1–4 Min.

60 g Quinoa-Getreide (Bio-Laden oder
   Reformhaus)
4 mittelgroße, nicht ganz reife Tomaten,
   Stielansatz und Kerne entfernt,
   quer in 1 cm dicke Scheiben geschnitten
2 große Salatgurken, in 1,5 cm große Würfel
   geschnitten
½ kleine rote Zwiebel, in feine Streifen
   geschnitten
2 EL fein gehackte Korianderblätter
2 EL fein gehackte glatte Petersilienblätter
2 EL fein gehackte Minzeblätter
Olivenöl
1 EL Zitronensaft
2 TL Rotweinessig
1 TL zerdrückter Knoblauch
grobes Meersalz
¼ TL frisch gemahlener schwarzer Pfeffer
4 Scheiben Sauerteigbrot,
   je etwa 12 x 8 cm groß und 1 cm dick

1. Quinoa in einem feinmaschigen Drahtsieb unter fließendem kaltem Wasser abspülen. Inzwischen in einem Topf Wasser zum Kochen bringen, leicht salzen und das Getreide bei reduzierter Hitze 9 Min. darin köcheln lassen. In das Sieb abgießen, erneut abspülen und kurz trockenschwenken. Quinoa im Sieb beiseitestellen und weiter abtropfen lassen.

2. Den Grill für direkte mittlere Hitze (175–230 °C) vorbereiten (siehe Seite 10–11).

3. Die Tomatenscheiben nebeneinander zwischen zwei Lagen Küchenpapier legen und 5 Min. trocknen lassen.

4. In einer großen Servierschüssel Quinoa, Gurken, Zwiebelstreifen, Kräuter, 3 EL Öl, Zitronensaft, Essig, Knoblauch, ¾ TL Salz und den Pfeffer miteinander vermischen.

5. Brot- und Tomatenscheiben auf beiden Seiten mit Öl bestreichen und leicht salzen. Den Grillrost mit der Bürste reinigen. Brot und Tomaten über *direkter mittlerer Hitze* bei geschlossenem Deckel grillen, bis die Tomaten Grillstreifen angenommen haben, aber noch nicht zerfallen, und das Brot geröstet ist. Die Tomaten brauchen 2–4 Min., das Brot 1–2 Min. Tomaten und Brot in dieser Zeit einmal wenden. Fertige Zutaten vom Grill nehmen. Brotscheiben grob zerpflücken, Tomaten grob in Stücke schneiden. Unter die restlichen Salatzutaten heben und den Salat abgekühlt servieren.

FÜR 4–6 PERSONEN;
FÜR 6–8 PERSONEN ALS BEILAGE

CHILI MIT WEISSEN BOHNEN
UND GEGRILLTEN ZUCCHINI

ZUBEREITUNGSZEIT: 15 Min.
GRILLZEIT: 27–34 Min.
ZUBEHÖR: gusseiserne Pfanne (30 cm Ø)

1 mittelgroße Zucchini, Enden entfernt,
   längs halbiert
Olivenöl

1 EL zerdrückter Knoblauch
1 EL Ancho-Chilipulver
½ TL Chipotle-Chilipulver
2 TL gemahlener Kreuzkümmel
1 TL getrockneter Oregano
2 Dosen weiße Bohnen (je 420 g Inhalt),
   abgespült
1 mittelgroße Kartoffel (etwa 170 g),
   geschält, gewürfelt
1 l Gemüsebrühe
1 EL Apfelessig
1 TL grobes Meersalz

Schmand (nach Belieben)
fein gehackte Frühlingszwiebeln
   (nach Belieben)
gewürfelte Tomaten (nach Belieben)

1. Den Grill für direkte mittlere Hitze
(175–230 ºC) vorbereiten (siehe Seite 10–11).

2. Den Grillrost mit der Bürste reinigen. Zucchinihälften rundherum dünn mit Öl einpinseln und
über *direkter mittlerer Hitze* bei geschlossenem
Deckel 6–8 Min. grillen, bis sie weich und leicht
gebräunt sind, dabei einmal wenden. Vom Grill
nehmen und in mundgerechte Stücke schneiden.

3. Die gusseiserne Pfanne über *direkte mittlere
Hitze* stellen und 1 EL Öl hineingeben. Den
Knoblauch und die Gewürze darin etwa 1 Min.
unter Rühren garen, bis sie zu duften beginnen
und Farbe annehmen. Bohnen, Kartoffelwürfel,
Brühe, Essig und Salz hinzufügen und das Chili
über *direkter mittlerer Hitze* bei geschlossenem
Deckel 20–25 Min. dickflüssig einkochen lassen,
dabei ab und zu umrühren. In den letzten 5 Min.
die Zucchinistücke unterrühren.

4. Die Pfanne mit isolierten Grillhandschuhen
vorsichtig vom Rost nehmen. Das Bohnen-Chili
in große Suppenschalen geben und nach Belieben einen Klecks Schmand, gehackte Frühlingszwiebeln und Tomatenwürfel daraufgeben.
Warm servieren.

FÜR 4 PERSONEN

SALAT-WRAPS
MIT TOFU, AUBERGINEN UND PILZEN

ZUBEREITUNGSZEIT: 30 Min.
GRILLZEIT: 11–14 Min.
ZUBEHÖR: gelochte Grillpfanne

Für die Sauce
4 EL Hoisin-Sauce (Asia-Laden)
3 EL Reisessig
1 EL frisch geriebener Ingwer
½ TL Wasabi (grüne japanische
   Meerrettichpaste)

400 g extrafester Tofu, abgetropft
225 g Shiitake-Pilze, Stiele entfernt,
   in 1 cm große Stücke geschnitten
1 schlanke Aubergine (etwa 225 g),
   in 1 cm große Stücke geschnitten
Öl
grobes Meersalz
frisch gemahlener schwarzer Pfeffer

1 Dose Wasserkastanien (220 g Inhalt),
   abgetropft, in Stücke gehackt
5 Frühlingszwiebeln, nur die weißen
   und hellgrünen Teile in feine Ringe
   geschnitten
2 Kopfsalat, Blätter abgelöst
4 Bio-Limetten, in Spalten geschnitten

1. In einer großen Schüssel die Zutaten für die Sauce verrühren.

2. Den Grill für direkte mittlere Hitze (175–230 ºC) vorbereiten (siehe Seite 10–11) und die Grillpfanne vorheizen.

3. Den Tofu trockentupfen und in 1 cm dicke Scheiben schneiden. Beiseitestellen.

4. In einer mittelgroßen Schüssel Pilze und Aubergine mit 3 EL Öl vermischen und mit Salz und Pfeffer würzen. In einer Lage in der Grill-pfanne verteilen und über *direkter mittlerer Hitze* bei geschlossenem Deckel 5–6 Min. gril-len, bis Pilze und Aubergine weich und ein wenig gebräunt sind, dabei gelegentlich umrühren. Die Grillpfanne mit isolierten Grillhandschuhen auf eine hitzefeste Unterlage stellen. Aubergine und Pilze in die große Schüssel zur Sauce geben.

5. Tofuscheiben auf allen Seiten mit Öl bestrei-chen. Den Grillrost mit der Bürste reinigen. Den Tofu über *direkter mittlerer Hitze* bei geschlosse-nem Deckel 6–8 Min. grillen, bis er heiß ist und kross zu werden beginnt, dabei einmal wenden. Vom Grill nehmen und abkühlen lassen. Tofu-scheiben in 1 cm große Würfel schneiden und mit den zerkleinerten Wasserkastanien und Frühlingszwiebeln in die große Schüssel geben. Die Zutaten mit der Sauce vermischen.

6. Salatblätter und Limettenspalten auf einer großen Servierplatte bereitstellen. Auf jedes Salatblatt etwas von der Tofu-Gemüse-Mischung geben, mit Limettensaft beträufeln und das Blatt um die Füllung wickeln. Die Wraps warm oder abgekühlt servieren.

FÜR 4–6 PERSONEN

CURRY-TOFU
MIT LINSENSALAT

ZUBEREITUNGSZEIT: 30 Min.,
plus etwa 25 Min. für die Linsen
RUHEZEIT: 30 Min.
MARINIERZEIT: 1½–4 Std.
GRILLZEIT: etwa 10 Min.

2 Päckchen extrafester Tofu (je 400 g),
   abgetropft

Für die Marinade

225 g griechischer Naturjoghurt
   (10 % oder 2 %)
2 EL Weißweinessig
2¼ TL zerdrückter Knoblauch
1½ TL frisch geriebener Ingwer
¾ TL gemahlene Kurkuma
½ TL gemahlener Koriander
½ TL gemahlener Kreuzkümmel
½ TL grobes Meersalz

Für den Salat

300 g kleine grüne Linsen (z. B. Puy-Linsen),
   abgespült
1 mittelgroße Möhre, 0,5 cm klein gewürfelt
Olivenöl
1 EL zerdrückter Knoblauch
1 EL milde oder scharfe Currypaste
   (nach Geschmack)
1½ EL Weißweinessig
¾ TL grobes Meersalz
¼ TL frisch gemahlener schwarzer Pfeffer
4 Frühlingszwiebeln, nur die weißen
   und hellgrünen Teile fein gehackt
3 EL fein gehackte glatte Petersilienblätter

1. Tofustücke jeweils in Küchenpapier einschlagen. Mit einem flach aufliegenden Gewicht beschweren (z. B. mit einer schweren Pfanne oder einem Backblech, auf das Sie eine schwere Konservendose stellen) und 30 Min. ruhen lassen (in dieser Zeit wird der Tofu auf drei Viertel bis zwei Drittel seiner ursprünglichen Höhe zusammengepresst). Die Tofustücke zuerst quer halbieren, anschließend der Länge nach in der Mitte durchschneiden, sodass Sie am Ende acht gleich große Scheiben erhalten.

2. In einer flachen Form die Zutaten für die Marinade behutsam mit dem Schneebesen verrühren, die Tofuscheiben einlegen und rundherum in der Marinade wenden. Abgedeckt im Kühlschrank 1½–4 Std. marinieren lassen, dabei ein- bis zweimal wenden.

3. Während der Tofu mariniert, den Linsensalat zubereiten. Dafür in einem großen Topf reichlich Wasser zum Kochen bringen. Linsen unter Rühren einstreuen, die Hitze auf kleine Stufe schalten und die Linsen im verschlossenen Topf etwa 15 Min. sanft köcheln lassen. Anschließend die Möhrenwürfel hinzufügen und 8–10 Min. mitgaren, bis die Linsen weich, aber nicht matschig sind.

4. Inzwischen in einer großen Schüssel 75 ml Öl mit Knoblauch, Currypaste, Essig, Salz und Pfeffer zu einem Dressing verrühren. Die weich gegarten Linsen und Möhrenwürfel in ein Sieb abgießen, darin trockenschwenken und sofort mit dem Dressing vermischen. Auf Raumtemperatur abkühlen lassen, dann die Hälfte der Frühlingszwiebeln und Petersilie untermischen. Nach Belieben bis zu 1 Std. bei Raumtemperatur durchziehen lassen. Auf Tellern anrichten.

5. Den Grill für direkte starke Hitze (230–290 °C) vorbereiten (siehe Seite 10–11). Den Tofu Raumtemperatur annehmen lassen, während der Grill vorheizt.

6. Die Tofuscheiben von einem Großteil der Marinade befreien und auf beiden Seiten mit Öl bestreichen. Restliche Marinade in eine kleine Schüssel umfüllen.

7. Den Grillrost mit der Bürste reinigen. Ein großes Stück extrastarke Alufolie auf den Grill-rost legen, die Tofuscheiben darauf nebeneinander anordnen und über **_direkter starker Hitze_** bei geschlossenem Deckel etwa 10 Min. grillen, bis sie schön gebräunt sind, dabei vorsichtig einmal wenden. Vom Grill nehmen, jeweils zwei Tofuscheiben auf einer Portion Linsensalat anrichten und etwas von der restlichen Marinade darüberlöffeln. Tofu mit den übrigen Frühlings-zwiebeln und der restlichen Petersilie bestreuen und servieren.

FÜR 4 PERSONEN

PFANNENGERÜHRTER TOFU
MIT ANANAS-SALSA

ZUBEREITUNGSZEIT: 20 Min.
RUHEZEIT: 30 Min.
GRILLZEIT: 7–13 Min.
ZUBEHÖR: gusseiserner Wok oder Pfanne, langstieliger Grillwender aus Metall mit abgerundeten Ecken

2 Päckchen extrafester Tofu (je 400 g), abgetropft

Für die Salsa
½ Ananas, geschält, das Fruchtfleisch (etwa 350 g) in 0,5 cm große Würfel geschnitten
1 kleine rote Paprikaschote, in 0,5 cm große Würfel geschnitten
4 TL frisch geriebener Ingwer
1 EL Limettensaft
2 TL fein gehackte Thai- oder Serrano-Chilischoten (ohne Samen)
½ TL grobes Meersalz

Olivenöl (aus der Sprühflasche)

Für die Würzmischung
2 TL gemahlener Koriander
2 TL Knoblauchpulver
1½ TL grobes Meersalz
¾ TL Zucker
¼ TL Cayennepfeffer

2 EL Öl (vorzugsweise Erdnussöl)
2 TL Limettensaft
10 Minzeblätter, klein zerpflückt

1. Tofustücke jeweils in Küchenpapier einschlagen. Mit einem flach aufliegenden Gewicht beschweren (z. B. mit einer schweren Pfanne oder einem Backblech, auf das Sie eine schwere Konservendose stellen) und 30 Min. ruhen lassen (in dieser Zeit wird der Tofu auf drei Viertel bis zwei Drittel seiner ursprünglichen Höhe zusammengepresst). Den Tofu zuerst der Länge nach in etwa 1 cm dicke Scheiben, dann quer in 1,25 cm große Stäbchen schneiden.

2. Wenn Sie den Wok verwenden, den Grill für direkte mittlere bis starke Hitze (200–260 ºC) vorbereiten, wenn Sie die gusseiserne Pfanne benutzen, den Grill für direkte starke Hitze (230–290 ºC) vorbereiten (siehe Seite 10–11).

3. Die Zutaten für die Salsa in einer mittelgroßen Schüssel vermengen und bei Raumtemperatur beiseitestellen.

4. Die Tofustäbchen in einer Lage in einer flachen Schale oder Kuchenform auslegen und jeweils die Ober- und Unterseite mit Olivenöl besprühen. In einer kleinen Schüssel die Zutaten für die Würzmischung vermengen und die Tofustäbchen auf beiden Seiten damit bestreuen.

5. Den Wok über *direkter mittlerer bis starker Hitze* (die Pfanne über *direkter starker Hitze*) 4–5 Min. vorheizen. Die Seitenwände des Woks rundherum mit 1 EL Öl einspinseln (in der Pfanne das Öl auf dem Pfannenboden verstreichen), den Grilldeckel schließen und das Öl heiß werden lassen. Die Tofustäbchen in zwei Portionen braten, dafür jeweils die Hälfte im Wok oder in der Pfanne gleichmäßig verteilen. Bei geöffnetem Deckel den Tofu im Wok ohne Rühren etwa 2 Min. anbraten, bis sich an der

Unterseite eine braune Kruste bildet. Mit dem Grillwender die Tofustäbchen auf die andere Seite drehen und etwa 2 Min. weiterbraten, bis auch diese Seite goldbraun und knusprig ist (in der Pfanne den Tofu etwa 4 Min. braten, dabei viermal wenden). Fertigen Tofu auf einer Servierplatte anrichten und die restlichen Tofustäbchen genauso braten.

6. Die Ananas-Salsa in den heißen Wok oder in die Pfanne füllen und über direkter Hitze bei geöffnetem Deckel 3–5 Min. anbraten, bis sie ein wenig karamellisiert ist, dabei zwei- bis dreimal umrühren. Wok oder Pfanne vom Grill nehmen und die Salsa über den Tofu löffeln. Mit Limet-

tensaft beträufeln, mit der Minze garnieren und sofort servieren.

FÜR 4–6 PERSONEN

TIPP!

Extrafester Tofu wird bei der Herstellung gepresst, um ihm überschüssige Feuchtigkeit zu entziehen. Aufgrund seiner festen Konsistenz kann er auf allen Seiten knusprig und goldgelb gegrillt werden.

PORTOBELLO-PILZE
MIT SPIEGELEI UND BLUTORANGEN-HOLLANDAISE

ZUBEREITUNGSZEIT: 35 Min.
GRILLZEIT: etwa 12 Min.
ZUBEHÖR: Bain-Marie oder Wasserbad-Simmertopf; gusseiserne Pfanne (28 cm Ø)

4 Riesenchampignons (Portobellos; je 10 cm Ø), Stiele und dunkle Lamellen entfernt
Olivenöl
grobes Meersalz
frisch gemahlener schwarzer Pfeffer

Für die Sauce hollandaise
fein abgeriebene Schale von 1 Bio-Blutorange
60 ml Blutorangensaft (von 1–2 Blutorangen)
2 Eigelb (Größe L)
200 g Butter, in kleine Stücke geschnitten, raumtemperiert
½ TL grobes Meersalz
1 kleine Prise Piment d'Espelette (Chilipulver) oder Cayennepfeffer

2 TL Butter
4 Eier (Größe L)
1 kleine Prise Piment d'Espelette oder Cayennepfeffer
1 große Blutorange, Schale und weiße Haut entfernt, das Fruchtfleisch in Filets geschnitten

1. Die Pilze auf beiden Seiten mit Öl bestreichen, leicht salzen und pfeffern. Beiseitestellen. Den Grill für direkte mittlere Hitze (175–230 °C) vorbereiten (siehe Seite 10–11).

2. Orangenschale, Saft und Eigelbe in der Bain-Marie oder im Simmertopf bei nur knapp siedendem Wasser behutsam 1–2 Min. aufschlagen, bis die Mischung cremig und dick wird. Nacheinander die Butterstückchen unterschlagen, dabei jedes Stück immer vollständig in die Mischung einarbeiten. Die Sauce nicht aufkochen lassen (falls sie zu heiß wird, Schüssel oder Topf kurz vom Herd nehmen, aber weiterschlagen). Zuletzt Salz und Pfeffer unterrühren. Schüssel/Topf abdecken, vom Herd nehmen und die Sauce 15 Min. ruhen lassen. Die Sauce kurz vor dem Servieren durchrühren. Inzwischen die Pilze grillen und die Spiegeleier zubereiten.

3. Den Grillrost mit der Bürste reinigen. Die Portobellos, zunächst mit der Lamellenseite nach unten, über *direkter mittlerer Hitze* bei geschlossenem Deckel etwa 6 Min. grillen. Pilze wenden und die gusseiserne Pfanne daneben über *direkte mittlere Hitze* stellen. 2 TL Butter in die Pfanne geben und den Deckel des Grills schließen. Sobald die Butter geschmolzen ist, die Eier behutsam in die Pfanne schlagen und bei geschlossenem Deckel bis zum gewünschten Gargrad braten. Pilze und Eier sollten gleichzeitig fertig sein. Die Pilze behutsam mit der Lamellenseite nach oben auf vorgewärmte Teller setzen, jeweils 1 Spiegelei in die Pilzhüte geben und einen großzügigen Klecks Sauce hollandaise daraufsetzen. Leicht mit Piment oder Cayennepfeffer würzen und die Teller mit den Orangenfilets garnieren. Sofort servieren.

FÜR 4 PERSONEN

KARTOFFEL-PASTINAKEN-PFANNE
MIT SPIEGELEIERN

ZUBEREITUNGSZEIT: 20 Min.
COOKING TIME: 29–33 Min.
ZUBEHÖR: Mikrowelle, gusseiserne Pfanne (30 cm Ø)

1 große halbfestkochende Kartoffel (300 g), geschält
1 große Süßkartoffel (300 g), geschält
6 schlanke Pastinaken (300 g), geschält
2 Stangen Sellerie, fein gewürfelt
1 Handvoll fein gehackte Sellerieblätter
2 kleine rote Zwiebeln, fein gewürfelt
3 EL Olivenöl
¾ TL grobes Meersalz
½ TL frisch gemahlener schwarzer Pfeffer
4 TL Dijon-Senf
1 EL Meerrettich
Öl (aus der Sprühflasche)
5 EL (etwa 75 g) Sahne
4 Eier (Größe L)

TIPP!

Auch anderes Wurzelgemüse wie kleine Rübchen, Steckrüben, Knollensellerie, Rote Bete oder Möhren können für dieses Rezept verwendet werden.

1. Kartoffel, Süßkartoffel und Pastinaken in 1–1,5 cm große Würfel schneiden. In eine große mikrowellentaugliche Schüssel geben, abdecken und in der Mikrowelle auf hoher Stufe 3 Min. garen (Sie brauchen kein Wasser dazugeben). Durchrühren, erneut abdecken und 3 Min. in der Mikrowelle weitergaren, bis das Gemüse weich ist. Überschüssige Flüssigkeit abgießen.

2. Den Grill für direkte mittlere Hitze (175–230 ºC) vorbereiten (siehe Seite 10–11).

3. Sellerie und -blätter, Zwiebeln, Öl, Salz und Pfeffer mit dem Gemüse vermengen, dann Senf und Meerrettich untermischen. Boden und Seiten der gusseisernen Pfanne mit Öl besprühen oder einpinseln, dann das gesamte Gemüse in der Pfanne verteilen und mit der Sahne übergießen. Die Pfanne über *direkte mittlere Hitze* stellen und das Gemüse bei geschlossenem Deckel etwa 15 Min. garen, bis die Sahne eingekocht ist und das Gemüse Farbe annimmt. Das Gemüse mit einem hitzefesten Pfannenwender aus Kunststoff wenden und dabei alle festgebackenen Gemüsestücke vom Pfannenboden lösen. Das Gemüse mit dem Pfannenwender zusammenschieben und kräftig andrücken, damit es kompakt wird. 6–8 Min. weiterbraten, bis es auf der Unterseite zu bräunen beginnt. Wenden, festgebackene Stücke erneut lösen, das Gemüse zusammenschieben und andrücken. Eine kleine Mulde in je ein Viertel des Gemüses drücken und 1 Ei hineinschlagen. Die Eier bei geschlossenem Grilldeckel 8–10 Min. stocken lassen, bis das Eiweiß jeweils fest und das Eigelb noch ein wenig flüssig ist. Mit einem großen Grillwender jedes Gemüseviertel mit dem Spiegelei auf einen Teller heben und sofort warm servieren.

FÜR 4 PERSONEN

WEICHE EIER
AUF GEGRILLTEN ZITRONEN UND SPARGEL

ZUBEREITUNGSZEIT: 20 Min.
GRILLZEIT: 6–8 Min.

8 Eier (Größe L)
1 kg grüner Spargel
Olivenöl
1 TL grobes Meersalz
8 Scheiben Bio-Zitrone, je 0,5 cm dick
4 Scheiben Sauerteigbrot
frisch gemahlener schwarzer Pfeffer
1 EL fein gehackte Estragonblätter

1. Den Grill für direkte mittlere Hitze (175–230 °C) vorbereiten (siehe Seite 10–11).

2. In einem mittelgroßen Topf Wasser aufkochen und die Eier darin 5–6 Min. köcheln lassen. Sofort unter kaltem Wasser abschrecken, um den Garprozess zu stoppen. Beiseitestellen.

3. Die holzigen Enden der Spargelstangen entfernen. Dafür die Stangen einzeln am unteren Ende behutsam umbiegen, bis sie im unteren Drittel brechen, wo der zarte Teil der Stangen beginnt. Spargelstangen auf einer großen Platte auslegen, mit 2 EL Öl beträufeln und salzen. Die Stangen im Öl wenden, bis sie gleichmäßig davon überzogen sind.

4. Die Zwiebel- und Brotscheiben auf beiden Seiten dünn mit Öl bestreichen.

5. Den Grillrost mit der Bürste reinigen. Den Spargel rechtwinklig zu den Streben auf den Grillrost legen und über *direkter mittlerer Hitze* bei geschlossenem Deckel 6–8 Min. grillen, bis die Stangen knackig-zart sind, dabei ab und zu mit der Grillzange ein wenig zur Seite rollen, damit sie gleichmäßig garen. Gleichzeitig die Zitronen- und Brotscheiben über *direkter mittlerer Hitze* 2–4 Min. grillen, dabei einmal wenden, bis sie schön gebräunt sind. Fertige Zutaten vom Grill nehmen. Die Brotscheiben jeweils auf Teller legen und mit je einem Viertel des Spargels belegen. Auf den Spargel nebeneinander 2 Zitronenscheiben geben. Die Eier pellen und jeweils 1 weiches Ei auf 1 Zitronenscheibe anrichten. Die Eier mit etwas Pfeffer übermahlen und und mit Estragon bestreuen. Die Brote warm oder abgekühlt servieren.

FÜR 4 PERSONEN

QUESADILLAS
MIT JALAPEÑO-CHILI UND HAVARTI-KÄSE

ZUBEREITUNGSZEIT: 20 Min.
GRILLZEIT: etwa 2½ Min.

6 Weizentortillas (je 18–20 cm Ø)
Öl
200 g dänischer Havarti-Käse, grob gerieben
3 eingelegte Jalapeño-Chilischoten,
    abgetropft, Samen entfernt, fein gehackt
grobes Meersalz
½ TL zerstoßene rote Chiliflocken
200 g weißer Cheddar-Käse, grob gerieben

1 Avocado, das Fruchtfleisch in 0,5 cm große
    Würfel geschnitten
6 EL grob gehackte Korianderblätter
200 g Schmand oder Crème fraîche
250 ml Salsa (Fertigprodukt)

1. Den Grill für direkte mittlere Hitze
(175–230 °C) vorbereiten (siehe Seite 10–11).

2. Die Tortillas auf einer Seite dünn mit Öl einpinseln. 3 Tortillas mit der eingeölten Seite nach
unten auf eine Arbeitsfläche legen und mit je
einem Drittel Havarti-Käses bestreuen, dabei
einen 1 cm breiten äußeren Rand aussparen. Die
3 Fladen mit je einem Drittel der Chilis bestreuen
und mit je 1 Prise Salz und einem Drittel der
Chiliflocken würzen. Zuletzt gleichmäßig den
Cheddar darauf verteilen (den äußeren Rand
erneut aussparen). Mit einem Fladen ohne Belag,
eingeölte Seite nach oben, abdecken.

3. Den Grillrost mit der Bürste reinigen. Die
Quesadillas behutsam auf den Rost legen und
über *direkter mittlerer Hitze* bei geschlossenem
Deckel 2 Min. grillen, dabei mit einem Grillwender etwa alle 20 Sek. fest andrücken und mit
einer Grillzange umplatzieren, damit sie gleichmäßig bräunen (sollte eine Quesadilla auf der
Unterseite zu schnell bräunen, über indirekte
Hitze legen). Sobald sich die Oberseite der Quesadillas weich und biegsam anfühlt (weil der
Käse darunter zu schmelzen beginnt), vorsichtig
wenden und 10–30 Sek. weitergrillen, bis an den
Rändern etwas Käse austritt. Die Quesadillas
vom Grill nehmen und auf einer Arbeitsfläche
kurz ruhen lassen, bis der Käse etwas fester geworden ist. Quesadillas in Viertel oder Sechstel
schneiden und auf einer großen Servierplatte
anrichten. Jeweils mit Avocadowürfeln garnieren, mit Koriander bestreuen und einen Löffel
Schmand und Salsa daraufklecksen. Quesadillas
warm servieren.

FÜR 3–4 PERSONEN;
FÜR 6–8 PERSONEN ALS VORSPEISE

MANGO-KÄSE-QUESADILLAS
MIT AVOCADO-SALSA

ZUBEREITUNGSZEIT: 20 Min.
GRILLZEIT: 2½–3 Min.

Für die Salsa

1 große Avocado, das Fruchtfleisch
    fein gewürfelt
1 kleine Eiertomate, Stielansatz und
    Kerne entfernt, fein gewürfelt
2 EL Limettensaft
1 EL fein gehackte Korianderblätter
1 EL sehr fein gewürfelte rote Paprikaschote
    (nach Belieben)
2 TL fein gewürfelte Schalotte
½ TL grobes Meersalz

6 Weizentortillas (20 cm Ø)
Öl
3 EL Honig, erwärmt
300 g italienischer Taleggio oder Robiola oder
    französischer Brie, gekühlt, Rinde entfernt,
    in kleine Würfel geschnitten
1 kleine Mango, das Fruchtfleisch in kleine
    Würfel geschnitten
¼ TL grobes Meersalz
¼–½ TL zerstoßene rote Chiliflocken

1. In einer mittelgroßen Schüssel die Zutaten für die Salsa vermischen. Abgedeckt bis zum Servieren kalt stellen.

2. Den Grill für direkte mittlere Hitze (175–230 °C) vorbereiten (siehe Seite 10–11).

3. Die Tortillas auf einer Seite dünn mit Öl bestreichen. 3 Tortillas mit der eingeölten Seite nach unten auf eine Arbeitsfläche legen und gleichmäßig mit Honig bestreichen, dabei einen etwa 1 cm breiten äußeren Rand frei lassen, anschließend mit Käse und Mango belegen und zum Schluss mit Salz und Chiliflocken würzen. Die Tortillas jeweils mit einem Fladen ohne Belag, eingeölte Seite nach oben, bedecken und behutsam auf ein Schneidbrett setzen.

4. Den Grillrost mit der Bürste reinigen. Die Quesadillas vorsichtig vom Brett auf den Grillrost gleiten lassen und über *direkter mittlerer Hitze* bei geschlossenem Deckel 1½–2 Min. grillen, dabei die Fladen mit der Hebefläche eines Grillwenders etwa alle 20 Sek. nach unten drücken und auf dem Grillrost umplatzieren, damit sie gleichmäßig bräunen. Sobald sich die Oberseite der Quesadillas weich und biegsam anfühlt, weil der Käse darunter schmilzt, die Quesadillas vorsichtig wenden und etwa 1 Min. weitergrillen, bis an den Rändern etwas Käse austritt. Vom Grill nehmen und 1–2 Min. ruhen lassen, bis der Käse etwas fester geworden ist.

5. Die Quesadillas in Viertel oder Sechstel schneiden und sofort mit der Salsa servieren.

FÜR 3 PERSONEN;
FÜR 6 PERSONEN ALS VORSPEISE

CHILI-BOHNEN-QUESADILLAS
MIT HACKSALAT

ZUBEREITUNGSZEIT: 45 Min.
GRILLZEIT: 14–21 Min.
ZUBEHÖR: Mikrowelle, Kartoffelstampfer

Olivenöl
4 EL Salsa verde (Fertigprodukt)
2 EL Limettensaft
2 TL zerdrückter Knoblauch
1 TL Zucker
grobes Meersalz
frisch gemahlener schwarzer Pfeffer

1 große gelbe oder grüne Zucchini, halbiert,
   Kerne entfernt, gewürfelt
125 g grüne Bohnen, in mundgerechte
   Stücke geschnitten
1 kleiner Kopf Radicchio, Blätter in etwa
   0,5 cm große Stücke zerpflückt
4 Frühlingszwiebeln, nur die weißen
   und hellgrünen Teile fein gehackt
2 große Eiertomaten, entkernt, klein gewürfelt
1 Avocado, das Fruchtfleisch klein gewürfelt
100 g Salatgurke, geschält, klein gewürfelt
4 EL grob gehackte Korianderblätter

2 Dosen rote Kidneybohnen (je 420 g Inhalt),
   abgetropft (etwa 60 ml von der Flüssigkeit
   aufgefangen)
¾ TL reines Chilipulver
450 g große Chilischoten
   (vorzugsweise Poblano)
8 Weizentortillas (20 cm Ø)
225 g scharfer Chilikäse, grob gerieben
60 g Ziegenfrischkäse, grob zerbröckelt

1. In einer kleinen Schüssel 120 ml Öl mit der Salsa, dem Limettensaft, Knoblauch, Zucker und je ½ TL Salz und Pfeffer zu einem Dressing verrühren. Beiseitestellen.

2. In einer mikrowellentauglichen Schüssel Zucchini und Bohnen 1 Min. in der Mikrowelle garen, bis sie knackig-zart sind. Abkühlen lassen und in eine große Schüssel umfüllen. Radicchio, Frühlingszwiebeln, Tomaten, Avocado, Gurke und Korianderblätter dazugeben.

3. In einer großen schweren Pfanne 2 EL Öl auf mittlerer bis hoher Stufe erhitzen. Die Kidneybohnen zusammen mit 2 EL des aufgefangenen Bohnenwassers in die Pfanne geben, das Chilipulver und je ¼ TL Salz und Pfeffer einstreuen. Etwa 3 Min. köcheln lassen, bis die Bohnen durchgewärmt sind. Mit einem Kartoffelstampfer die Bohnen zu einem stückigen Püree stampfen. Sollte das Püree dabei zu trocken werden, teelöffelweise weiteres Bohnenwasser einarbeiten.

4. Den Grill für direkte mittlere Hitze (175–230 °C) vorbereiten (siehe Seite 10–11).

5. Den Grillrost mit der Bürste reinigen. Die Chilischoten über *direkter mittlerer Hitze* bei geschlossenem Deckel 10–15 Min. grillen, dabei gelegentlich wenden, bis ihre Haut rundherum stellenweise verkohlt ist und Blasen wirft. Die Schoten in einer mit Frischhaltefolie abgedeckten Schüssel 10 Min. ausdampfen lassen, dann die verkohlte Haut von den Schoten abziehen, den Stielansatz und die Samen entfernen. Die Chilis grob zerkleinern.

100

6. Die Quesadillas zusammenbauen. Dafür die Tortillas jeweils auf einer Hälfte mit dem Bohnenpüree bestreichen und mit den gegrillten Chilis und beiden Käsesorten bestreuen. Die leere Tortillahälfte jeweils über die Füllung klappen. Tortillas außen dünn mit Öl bestreichen und über **direkter mittlerer** Hitze bei geschlossenem Deckel etwa 4–6 Min. grillen, dabei einmal wenden, bis sie durch und durch heiß und auf beiden Seiten goldbraun sind. Vom Grill nehmen und die Quesadillas in Tortenstücke schneiden. Die zerpflückten Salatblätter großzügig mit dem Dressing anmachen und auf Teller verteilen. Quesadillastücke neben dem Salat anrichten und sofort servieren.

FÜR 4 PERSONEN

GEMÜSEGRATIN
MIT FENCHEL, LAUCH UND MÖHREN

ZUBEREITUNGSZEIT: 20 Min.
GRILLZEIT: 34–42 Min.
**ZUBEHÖR: gelochte Grillpfanne,
gusseiserne Pfanne (28 cm Ø)**

4 große Fenchelknollen
2 EL Olivenöl
¾ TL grobes Meersalz
½ TL frisch gemahlener schwarzer Pfeffer

6 junge Möhren (insgesamt etwa 175 g),
   geschält, quer in 0,5 cm dicke Scheiben
   geschnitten
250 g Sahne
3 EL fein gehackte Dillspitzen
2 TL fein abgeriebene Schale von 1 Bio-Zitrone
1 EL Dijon-Senf

Zum Gratinieren

125 g kräuterwürzige Croûtons (Fertigprodukt), zerstoßen, geröstet
125 g Ziegenkäse oder Feta, zerbröckelt
100 g Fontina (italienischer Hartkäse),
   in kleine Würfel geschnitten
2 TL Olivenöl

2 EL Butter
1 mittelgroße Stange Lauch, nur die
   weißen und hellgrünen Abschnitte längs
   halbiert und in feine Scheiben geschnitten

1. Den Grill für direkte und indirekte starke Hitze (230–290 °C) vorbereiten (siehe Seite 10–11) und die Grillpfanne vorheizen.

2. Von den Fenchelknollen jeweils die dicken Stiele und das Wurzelende abschneiden. Die Knollen vierteln, den Großteil des keilförmigen Strunks herausschneiden und die Viertel quer in 0,5 cm dicke Scheiben schneiden. Fenchelscheiben in eine mittelgroße Schüssel geben und mit dem Öl und je ¼ TL Salz und Pfeffer vermischen.

3. In einer zweiten mittelgroßen Schüssel die Möhren mit Sahne, 1½ EL Dill, Orangenschale, Senf, ½ TL Salz und ¼ TL Pfeffer vermischen.

4. Die Zutaten zum Gratinieren in einer dritten mittelgroßen Schüssel gründlich vermengen.

5. Die Fenchelscheiben in einer Lage in der Grillpfanne verteilen und über *direkter starker Hitze* bei geschlossenem Deckel 6–8 Min. grillen, dabei alle 2–3 Min. wenden, bis sie goldbraun und knackig-zart sind. Fenchel in die Schüssel zu den Möhren geben.

6. Die gusseiserne Pfanne über *direkte starke Hitze* stellen, die Butter hineingeben und den Lauch in 1–2 Min. darin weich und leicht goldgelb dünsten, dabei häufig umrühren (gart der Lauch zu schnell, die Pfanne auf eine weniger heiße Stelle ziehen). Die Pfanne auf indirekte Hitze stellen und den gesamten Schüsselinhalt mit den Möhren und Fenchelscheiben einfüllen. Locker mit Alufolie abdecken und das Gemüse

über **indirekter starker Hitze** bei geschlossenem Deckel 25–30 Min. garen, bis der Fenchel weich ist. In dieser Zeit alle 8–10 Min. prüfen, ob das Gemüse gleichmäßig gart, gegebenenfalls die Pfanne drehen, wenn eine Gemüsehälfte schneller bräunt als die andere. Die Alufolie abnehmen, die Zutaten zum Gratinieren gleichmäßig über das Gemüse streuen, den Grilldeckel wieder schließen und das Gemüse 2 Min. überbacken. Die Pfanne mit Grillhandschuhen vorsichtig vom Rost nehmen.

7. Das Gratin mit den restlichen 1½ EL Dill bestreuen und direkt aus der Pfanne servieren. Dazu passen als Beilage Reis und in Scheiben geschnittene Tomaten oder ein gemischter Blattsalat, den Sie einfach mit frisch gepresstem Zitronensaft, gutem Meersalz und bestem Olivenöl anmachen.

FÜR 6–8 PERSONEN

BLUMENKOHL-FRITTATA
MIT GRÜNEM ERBSENPESTO

ZUBEREITUNGSZEIT: 25 Min.
GRILLZEIT: 22–30 Min.
ZUBEHÖR: gelochte Grillpfanne, gusseiserne Pfanne (28 cm Ø)

Für das Pesto

125 g feine TK-Erbsen, aufgetaut
15 g Basilikumblätter (etwa 30 Blätter)
15 g Minzeblätter (etwa 30 Blätter)
2 EL Pinienkerne
1 TL zerdrückter Knoblauch
¼ TL grobes Meersalz
80 ml Olivenöl

1 kleiner Kopf Blumenkohl (450–500 g),
   in walnussgroße Röschen zerteilt
1½ EL Olivenöl
1 TL grobes Meersalz
¾ TL frisch gemahlener schwarzer Pfeffer
2 TL fein abgeriebene Schale von 1 Bio-Zitrone
12 Eier (Größe L)
125 g Crème fraîche
4 EL Dijon-Senf
1 EL geräuchertes Paprikapulver
   (Feinkostladen)
3 EL Schnittlauchröllchen
200 g geräucherter Mozzarella, grob gerieben
100 g gereifter Cheddar, grob gerieben
2 EL Butter

FÜR 6–8 PERSONEN

1. Die Zutaten für das Pesto in der Küchenmaschine etwa 2 Min. pürieren, bis eine hellgrüne, cremige, aber noch leicht stückige Masse entsteht. Dabei anhaftende Reste am Rand wieder in die Masse einarbeiten. Vor dem Servieren 5–10 Min. kalt stellen. Die Blumenkohlröschen etwa 6 Min. dämpfen, bis sie nur knapp weich sind. In einer großen Schüssel mit 1½ EL Öl, je ¼ TL Salz und Pfeffer und der Zitronenschale vermischen.

2. Den Grill für direkte und indirekte starke Hitze (230–290 °C) vorbereiten (siehe Seite 10–11). Die Grillpfanne über direkter Hitze vorheizen.

3. In eine zweite große Schüssel die Eier aufschlagen. Mit Crème fraîche, Senf, Paprikapulver, Schnittlauch, ¾ TL Salz, ½ TL Pfeffer und 75 ml Wasser zu einer glatten Masse verquirlen. Beide Käsesorten unterrühren.

4. Blumenkohl in einer Lage in der Grillpfanne verteilen und über *direkter starker Hitze* bei geschlossenem Deckel 6–10 Min. grillen, bis er hell gebräunt ist, dabei ein- bis zweimal wenden. Die Grillpfanne vorsichtig vom Grill nehmen. Die Gusseisenpfanne über *direkte starke Hitze* stellen und die Butter darin zerlassen. Verquirlte Eier hineingießen und die Blumenkohlröschen darauf verteilen. Bei geschlossenem Deckel die Eier 2 Min. stocken lassen, dann den Eirand von der Pfannenwand lösen. Die Pfanne über *indirekte starke Hitze* stellen, den Deckel schließen und die Frittata weitere 14–18 Min. garen, bis sie in der Mitte fest geworden ist. Den Eirand noch zwei- bis dreimal von der Pfannenwand lösen. Frittata vom Grill nehmen und 3–5 Min. ruhen lassen. Mit dem Pesto servieren.

PEPERONATA-TARTE VOM GRILL
MIT ZIEGENKÄSE

ZUBEREITUNGSZEIT: 30 Min.
KÜHLZEIT: 1¼ Std.
GRILLZEIT: 43–45 Min.
ZUBEHÖR: Tarteform mit herausnehmbaren Boden (23 cm Ø), kleines Kuchengitter (passend zur Pfannengröße), gusseiserne Pfanne (25–30 cm Ø), Zahnstocher

150 g Mehl
125 g kalte Butter, gewürfelt
1 EL Puderzucker
grobes Meersalz

225 g Ziegenfrischkäse, raumtemperiert
2 EL Sahne
frisch gemahlener schwarzer Pfeffer
4 Paprikaschoten (vorzugsweise 1 rote, 1 gelbe, 1 grüne, 1 orange), jeweils in vier flache Stücke geschnitten
Olivenöl
4 EL in feine Streifen geschnittene Basilikumblätter
1 EL Aceto balsamico bianco

FÜR 4–6 PERSONEN

TIPP!

Nach den ersten 10 Min. auf dem Grill sollten Sie überprüfen, ob der doppelte Teigrand gegebenenfalls eingefallen ist. Bei Bedarf mit in ein glattes Küchentuch gewickelten Fingerspitzen den Rand wieder rundherum festdrücken.

1. In der Küchenmaschine Mehl, Butterwürfel, Zucker und ¼ TL Salz zu kleinen Streuseln mixen. 3 EL eiskaltes Wasser dazugießen und weitermixen, bis ein glatter Teig entsteht. Teig zu einer Kugel formen und flach drücken. In Frischhaltefolie wickeln und mind. 1 Std. kalt stellen. Auf einer leicht bemehlten Arbeitsfläche den Teig zu einem Kreis von 33 cm Durchmesser ausrollen. Die Tarteform mit dem Teigkreis auslegen, überstehenden Teigrand bis auf 1 cm abschneiden. Teigrand nach innen falten und fest andrücken. Den Teigboden mit einer Gabel mehrmals einstechen. 15 Min. kalt stellen.

2. Den Grill für direkte mittlere Hitze (175–230 °C) vorbereiten (siehe Seite 10–11). Das Kuchengitter in die gusseiserne Pfanne setzen und die Pfanne auf dem Grill vorheizen.

3. Tarteform auf das Gitter in der Pfanne stellen und den Teig über *direkter mittlerer Hitze* bei geschlossenem Deckel 35 Min. backen, bis er goldbraun ist. Blasen am Teigboden mit dem Zahnstocher einstechen. Tarteform vom Grill nehmen. In einer mittelgroßen Schüssel Käse und Sahne mit dem Handrührgerät glatt rühren. Mit ¼ TL Pfeffer würzen. Die Käsecreme auf dem etwas abgekühlten Teigboden gleichmäßig verstreichen. Form zurück in den Kühlschrank stellen. Den Grillrost mit der Bürste reinigen. Die Paprika mit der Hautseite nach unten über *direkter mittlerer Hitze* bei geschlossenem Deckel 8–10 Min. grillen, dabei nicht wenden, bis die Haut stellenweise verkohlt und das Fruchtfleisch weich ist. Auf einem Schneidbrett die Haut abziehen. Paprika in 1 cm breite Streifen schneiden und in einer Schüssel abkühlen lassen. Basilikum, Essig, 2 EL Öl und je ¼ TL Salz und Pfeffer dazugeben und alles vermischen. Paprika auf der Tarte verteilen und sofort servieren.

SPARGEL-FRITTATA

ZUBEREITUNGSZEIT: 30 Min.
GRILLZEIT: 25–33 Min.
ZUBEHÖR: gusseiserne Pfanne (28 cm Ø)

50 g kleine Röhrennudeln (z. B. Tubetti rigati)
Olivenöl
500 g grüner Spargel
12 Eier (Größe L)
125 g Sahne
1 EL trockener Weißwein (nach Belieben)
1 EL Dijon-Senf
1 TL grobes Meersalz
¾ TL frisch gemahlener schwarzer Pfeffer

100 g Greyerzer, grob gerieben
3 EL feinste Kapern, abgetropft
150 g Dattel- oder Cocktailtomaten, halbiert
2 EL in dünne Streifen geschnittene Kerbel-
   oder Basilikumblätter

2 EL Butter
2 große Schalotten, fein gewürfelt
1 EL zerdrückter Knoblauch

FÜR 6–8 PERSONEN

1. Die Nudeln nach Packungsanleitung bissfest garen. In ein Sieb abgießen, mit kaltem Wasser abspülen, abtropfen lassen und das Sieb dabei kräftig schwenken. 1½ TL Öl untermischen, damit die Nudeln nicht zusammenkleben.

2. Die holzigen Enden der Spargelstangen entfernen. Dafür die Stangen am unteren Ende behutsam umbiegen, bis sie im unteren Drittel brechen, wo der zarte Teil der Stangen beginnt.

3. Den Grill für direkte und indirekte starke Hitze (230–290 °C) vorbereiten (siehe Seite 10–11).

4. In einer großen Schüssel Eier, Sahne, Wein, Senf, ¾ TL Salz und ½ TL Pfeffer mit dem Schneebesen verrühren. In einer mittelgroßen Schüssel die Nudeln mit Käse, Kapern, Tomaten, Kerbel oder Basilikum vermengen.

5. Die Spargelstangen in Öl wenden und gleichmäßig mit insgesamt ¼ TL Salz und ¼ TL Pfeffer würzen. Sämtliche Zutaten und die gusseiserne Pfanne am Grill bereitstellen.

6. Den Grillrost mit der Bürste reinigen. Die Spargelstangen über *direkter starker Hitze* bei geschlossenem Deckel 4–6 Min. grillen, bis sie knackig-zart sind, dabei ein- bis zweimal wenden. Vom Grill nehmen und die Stangen quer in gut 1 cm lange Stücke schneiden.

7. Die Pfanne über *direkte starke Hitze* stellen. Die Butter in der Pfanne zerlassen und die Schalotten darin in 2–3 Min. weich dünsten, gelegentlich umrühren. Den Knoblauch dazugeben und 30–60 Sek. mitgaren. Die Eimischung in die Pfanne gießen, die Spargelstücke gleichmäßig

darüber verteilen, den Deckel schließen und die Eier 3 Min. stocken lassen. Anschließend rundherum den Eirand von der Pfannenwand lösen und die Pfanne so neigen, dass die noch flüssige Eimasse auf der Oberfläche nach unten läuft. Die Pfanne über **indirekte starke Hitze** stellen. Die Nudelmischung gleichmäßig auf der Oberseite der Frittata verteilen und die Frittata 15–20 Min. bei geschlossenem Deckel weitergaren. In dieser Zeit den Gargrad alle paar Minuten prüfen, zwei- bis dreimal die Frittata von der Pfannenwand lösen und die Pfanne gelegentlich rütteln, damit nichts ansetzt. Wenn die Eimasse in der Mitte fest ist, die Pfanne vom Grill neh-

men. (Sollte die Eimasse im Innersten noch nicht gestockt sein, den Grill ausschalten und die Frittata ein paar Minuten nachgaren lassen, gelegentlich den Gargrad prüfen.)

8. Wenn Sie die Frittata direkt aus der Pfanne servieren wollen, die Frittata noch 3 Min. ruhen lassen, dann in Stücke schneiden. Alternativ die Frittata 20 Min. in der Pfanne abkühlen lassen, anschließend mit einem kleinen Messer den Rand von der Pfannenwand lösen und die Frittata auf einen Servierteller stürzen. In Tortenstücke schneiden und servieren.

FÜR 6–8 PERSONEN

NUDEL-KÄSE-AUFLAUF »MAC N' CHEESE«

ZUBEREITUNGSZEIT: 20 Min.
GRILLZEIT: 13–17 Min.
ZUBEHÖR: gusseiserne Pfanne (30 cm Ø)

2 große Zwiebeln (insgesamt etwa 500 g),
    quer in 1 cm dicke Scheiben geschnitten
Olivenöl
grobes Meersalz
frisch gemahlener schwarzer Pfeffer
225 g Hörnchennudeln
3 EL Butter
30 g Mehl
550 ml Milch
2 TL Dijon-Senf
¼ TL Cayennepfeffer
1 kräftige Prise gemahlene Nelken
225 g sehr pikanter Cheddar
4 gehäufte EL frisch geriebener Greyerzer
4 EL frisch geriebener Parmesan
4 EL Crème fraîche

2 EL gehackte glatte Petersilienblätter

1. Den Grill für direkte mittlere Hitze (175–230 °C) vorbereiten (siehe Seite 10–11).

2. Den Grillrost mit der Bürste reinigen. Die Zwiebelscheiben auf beiden Seiten mit Öl bestreichen und gleichmäßig salzen. Über *direkter mittlerer Hitze* bei geschlossenem Deckel 8–12 Min. grillen, bis sie weich und leicht gebräunt sind, dabei ein- bis zweimal wenden. Vom Grill nehmen, grob zerkleinern und zum Abkühlen beiseitestellen.

3. In einem großen Topf die Nudeln in kochendem Salzwasser in 5–6 Min. knapp bissfest garen, dabei gelegentlich umrühren. Abseihen und beiseitestellen. In dem Nudeltopf die Butter auf mittlerer Stufe zerlassen. Das Mehl einstreuen und unter Rühren etwa 1 Min. anschwitzen, bis der mehlige Geschmack verschwunden ist, dabei aber nicht bräunen. Nach und nach die Milch unterrühren, bis eine glatte Sauce entstanden ist. Senf, Cayennepfeffer, Nelken, 1 TL Salz und ½ TL Pfeffer einrühren. Sauce aufkochen und 15 Sek. unter ständigem Rühren kochen lassen. Den gesamten Käse und die Crème fraîche unterrühren, den Topf vom Herd nehmen und weiterrühren, bis der Käse geschmolzen ist. Nudeln und Zwiebelwürfel untermischen.

4. Nudeln mit der Käsesauce in die Gusseisenpfanne füllen und die Pfanne locker mit Alufolie abdecken. Die Pfanne über *direkte mittlere Hitze* stellen und den Nudelauflauf bei geschlossenem Deckel etwa 5 Min. garen, bis er durch und durch heiß ist und an den Rändern Blasen wirft. Einmal umrühren. Vom Grill nehmen und 5–10 Min. ruhen lassen. Den Auflauf mit Petersilie bestreuen und warm servieren.

FÜR 4–6 PERSONEN

108

KÄSE-BROT-SPIESSE
AUF ROMANASALAT

ZUBEREITUNGSZEIT: 20 Min.
GRILLZEIT: 4–6 Min.
ZUBEHÖR: 4 Metall- oder Holzspieße
(Holzspieße mind. 30 Min. gewässert)

Für die Butter

125 g Butter, zerlassen
1 EL fein abgeriebene Schale von
    1 Bio-Zitrone
1 EL fein gehackte Salbeiblätter
1½ TL zerdrückter Knoblauch
½ TL grobes Meersalz
¼ TL frisch gemahlener schwarzer Pfeffer

225 g Halloumi (zypriotischer Grillkäse)
    oder Manouri (griechischer Frischkäse),
    in 2,5 cm große Würfel geschnitten
175 g rustikales Weißbrot, Kruste entfernt,
    in 2,5 cm große Würfel geschnitten
    (etwa 20 Würfel)

2 Romanasalatherzen (insgesamt etwa 350 g),
    in 1 cm breite Streifen geschnitten
1 EL Olivenöl
frisch gemahlener schwarzer Pfeffer
2 Bio-Zitronen, jeweils in vier Spalten
    geschnitten

1. Den Grill für direkte schwache Hitze
(120–175 °C) vorbereiten (siehe Seite 10–11).

2. In einer mittelgroßen Schüssel die Zutaten
für die Butter verrühren. Käse- und Brotwürfel
dazugeben und vermischen.

3. Die Käse- und Brotwürfel jeweils mit einer
flachen Seite nach unten abwechselnd auf
die Spieße stecken, sodass die Spieße am Ende
flach aufliegen. (Achten Sie beim Aufstecken
der Käsewürfel darauf, dass sie nicht brechen.
Dafür die Käsewürfel mit den Fingerspitzen
leicht zusammendrücken und den Spieß mit
Drehbewegungen in der Mitte durchstechen.)

4. Den Grillrost mit der Bürste reinigen.
Die Spieße über *direkter schwacher Hitze* bei
geschlossenem Deckel 4–6 Min. grillen, bis das
Brot knusprig geröstet und der Käse goldbraun
ist, dabei einmal wenden. Vom Grill nehmen.

5. In einer großen Schüssel die Salatstreifen
mit dem Öl anmachen und mit Pfeffer würzen.
Salat auf vier Teller verteilen und jeweils 1 Spieß
darauf anrichten. Mit Zitronenspalten garnieren
und servieren.

FÜR 4 PERSONEN

GEGRILLTE WASSERMELONEN-KÄSE-SPIESSE
MIT FENCHEL-PISTAZIEN-SALAT

ZUBEREITUNGSZEIT: 20 Min.
GRILLZEIT: 4–5 Min.
ZUBEHÖR: 4 Metall- oder Holzspieße
von 25 cm Länge (Holzspieße mind.
30 Min. gewässert)

Für den Salat

6 EL Walnussöl
2 EL Himbeeressig oder ein anderer
    Fruchtessig
1 TL Himbeer- oder Dijon-Senf
grobes Meersalz
frisch gemahlener schwarzer Pfeffer
2 große Fenchelknollen
125 g geröstete und gesalzene Pistazienkerne,
    die braune Haut entfernt, grob gehackt
8 EL (50–60 g) Johannisbeeren
1 kleines Bund glatte Petersilie (etwa 35 g),
    die Blätter grob gehackt, oder das Fenchel-
    grün der Fenchelknollen

700 g kernloses Wassermelonenfruchtfleisch,
    Menge ausreichend für 12 je 3 cm große
    Würfel
300 g Manouri (griechischer Frischkäse) oder
    Halloumi (zypriotischer Grillkäse), Menge
    ausreichend für acht je 3 cm große Würfel
Olivenöl
½ Bio-Zitrone

1. In einer großen Schüssel Walnussöl, Essig, Senf, ½ TL Salz und ¼ TL Pfeffer zu einem Dressing verrühren.

2. Vom Fenchel die dicken Stiele und das Wurzelende abschneiden. Fenchelgrün, falls für den Salat verwendet, grob hacken. Die Fenchelknollen der Länge nach in Viertel schneiden und jeweils den dicken, keilförmigen Strunk herausschneiden. Fenchelviertel quer in sehr dünne Scheiben schneiden. Fenchelscheiben, Pistazien, Johannisbeeren, Petersilie oder Fenchelgrün behutsam mit dem Dressing vermischen und den Salat auf einer Servierplatte anrichten.

3. Den Grill für direkte mittlere Hitze (175–230 ºC) vorbereiten (siehe Seite 10–11).

4. Wassermelone und Käse möglichst gleichmäßig 3 cm groß würfeln. Jeweils 3 Wassermelonen- und 2 Käsewürfel mit einer flachen Seite nach unten abwechselnd auf die Spieße stecken, sodass die Spieße am Ende flach aufliegen. (Achten Sie beim Aufstecken der Käsewürfel darauf, dass sie nicht brechen. Dafür die Käsewürfel mit den Fingerspitzen leicht zusammendrücken und den Spieß mit Drehbewegungen in der Mitte durchstechen.) Die Spieße dünn mit Öl bestreichen und gleichmäßig mit insgesamt ¼ TL Salz und einer kräftigen Prise Pfeffer würzen.

5. Den Grillrost mit der Bürste reinigen. Die Spieße über *direkter mittlerer Hitze* bei geschlossenem Deckel 3–4 Min. grillen und jeweils nach etwa 1 Min. drehen, bis alle vier Seiten ein hübsches Grillmuster angenommen haben. Die Spieße zusammen mit dem Salat servieren und mit Zitronensaft beträufeln.

110

FÜR 4 PERSONEN

112

Beilagen

MÖHRENSALAT MIT GEBRANNTEN MANDELSTIFTEN

ZUBEREITUNGSZEIT: 30 Min.
KÜHLZEIT: 1 Std.

5 große Möhren (450 g), Enden entfernt, geschält
4 EL fein gewürfelte rote Zwiebeln
3 EL Schnittlauchröllchen
fein abgeriebene Schale von 2 Bio-Orangen

Für das Dressing

4 EL Orangensaft
1 EL körniger Dijon-Senf
1 EL Reisessig
½ TL gemahlener Kreuzkümmel
½ TL grobes Meersalz
¼ TL frisch gemahlener schwarzer Pfeffer
¼ TL scharfe Chilisauce

60 ml Rapsöl

Für die Mandeln

50 g dunkler Vollrohrzucker
1 EL Walnussöl (geröstet)
1 EL Aceto balsamico
85 g Mandelstifte

1. Die Möhren grob raspeln. In einer großen Schüssel mit den Zwiebeln, 2 EL Schnittlauchröllchen und 2 TL Orangenschale vermengen.

2. In einer kleinen Schüssel die Dressingzutaten verrühren. In dünnem Strahl das Rapsöl unterschlagen, bis ein cremiges Dressing entsteht. Den Möhrensalat mit dem Dressing anmachen und 1 Std. kalt stellen.

3. Für die Mandeln in einer großen beschichteten Pfanne Zucker, Walnussöl und Essig vermischen. Auf mittlerer Stufe unter ständigem Rühren erhitzen, bis der Zucker nach etwa 3 Min. geschmolzen ist und der Sirup Blasen wirft. Mandeln unterrühren und 7–8 Min. unter häufigem Rühren weitergaren, bis der Sirup eingekocht ist und die Mandeln eine noch dunklere Farbe angenommen haben. Auf einem großen Stück Alufolie die gebrannten Mandelstifte so dünn und einzeln wie möglich ausbreiten. Etwa 15 Min. ruhen lassen, bis der Karamell auf den Mandeln hart geworden ist. Mandeln von der Folie lösen, größere Klumpen in mundgerechte Stücke brechen. Zum Servieren den Möhrensalat mit den übrigen Schnittlauchröllchen und der restlichen Orangenschale bestreuen und die gebrannten Mandeln darübergeben.

FÜR 4–6 PERSONEN

114

EISGEKÜHLTES SELLERIE-HERZ MIT SCHNITTLAUCH-SENF-MAYONNNAISE

ZUBEREITUNGSZEIT: 15 Min.
RUHEZEIT: 30–60 Min.

Für die Mayonnaise

3 EL Mayonnaise
2 EL Schnittlauchröllchen
fein abgeriebene Schale und 1 EL Saft von
   1 kleinen Bio-Zitrone
1½ EL Dijon-Senf
¼ TL grobes Meersalz
¼ TL frisch gemahlener schwarzer Pfeffer
1 kräftige Prise Cayennepfeffer

1 große Staude Bleichsellerie
1 Handvoll glatte Petersilienblätter,
   grob gehackt

1. In einer großen Schüssel die Zutaten für die Mayonnaise verrühren. Abgedeckt bis zu 1 Std. kalt stellen.

2. Die Stangen der Selleriestaude abtrennen (und anderweitig verwenden), bis das innere grün-gelbe Herz freiliegt. Sellerieherz mit einem großen scharfen Messer quer in feine Scheiben schneiden, dabei das zarte Selleriegrün nicht abtrennen. In eine Metallschüssel geben und mit kaltem Wasser und Eiswürfeln bedecken. Die Schüssel 30 Min. kalt stellen. Kurz vor dem Servieren den Sellerie in ein Sieb abgießen, noch vorhandene Eiswürfel entfernen. Den Sellerie im Sieb trockenschwenken.

3. Sellerie und Petersilie sofort mit der Mayonnaise vermischen und sehr kalt servieren.

FÜR 4 PERSONEN

FENCHEL-PETERSILIEN-SALAT

ZUBEREITUNGSZEIT: 15 Min.

Für die Vinaigrette

6 EL Olivenöl
2 EL Schnittlauchröllchen
1 EL Weißweinessig
fein abgeriebene Schale und 1 EL Saft von
   1 Zitrone
2 TL körniger Senf
½ TL grobes Meersalz
¼ TL frisch gemahlener schwarzer Pfeffer

2 große Fenchelknollen
1 Bund glatte Petersilie, Blätter abgezupft

1. In einer kleinen Schüssel die Zutaten für die Vinaigrette glatt rühren.

2. Von den Fenchelknollen jeweils die dicken Stiele und das Wurzelende abschneiden. Die Knollen vierteln, den keilförmigen Strunk herausschneiden und die Viertel quer in feine Streifen schneiden. Fenchel und Petersilienblätter in einer großen Schüssel vermengen und zunächst nur mit der Hälfte der Vinaigrette anmachen. Fenchel und Petersilie sollten gut davon überzogen sein. Abschmecken und nach Geschmack weitere Vinaigrette hinzufügen.

FÜR 4–6 PERSONEN

Beilagen

WEISSER BOHNENSALAT MIT EINGELEGTEN ZWIEBELN UND TOMATEN

ZUBEREITUNGSZEIT: 15 Min.

Für das Dressing
6 EL Olivenöl
2 EL Weißweinessig
2 TL zerdrückter Knoblauch
½ TL gemahlener Kreuzkümmel
frisch gemahlener schwarzer Pfeffer

2 Dosen Cannellini-Bohnen (je 450 g Inhalt),
   abgespült und abgetropft
350 g Cocktailtomaten, geviertelt
150 g eingelegte kleine Zwiebeln
   (aus dem Glas), abgetropft, halbiert
3 EL feinste Kapern, abgetropft
2 EL fein gehackte Minzeblätter
   oder Dillspitzen

grobes Meersalz
   (nach Belieben)

In einer großen Schüssel die Zutaten für das Dressing mit ½ TL Pfeffer mit dem Schneebesen verrühren. Bohnen, Tomaten, Zwiebeln, Kapern und gehackte Kräuter hinzufügen und durchmischen. Nach Belieben mit Salz und Pfeffer abschmecken und sofort servieren.

FÜR 6–8 PERSONEN

KICHERERBSENSALAT AUF RUCOLABETT MIT HART GEKOCHTEN EIERN

ZUBEREITUNGSZEIT: 15 Min., plus etwa 20 Min. für die Eier

Für die Vinaigrette
6 EL Olivenöl
2 EL Weißweinessig
2 TL Dijon-Senf
1 TL zerdrückter Knoblauch
1 TL gemahlener Kreuzkümmel
½ TL grobes Meersalz
¼ TL frisch gemahlener schwarzer Pfeffer

2 Dosen Kichererbsen (je 420 g Inhalt),
   abgespült und abgetropft
150 g zarter Rucola, davon 1 kleine Handvoll
   grob gehackt
1 mittelgroße Schalotte, fein gewürfelt
fein abgeriebene Schale und Saft von
   1 kleinen Bio-Orange
4 hart gekochte Eier (Größe L), geviertelt

1. In einer großen Schüssel die Zutaten für die Vinaigrette glatt rühren. Kichererbsen, gehackte Rucolablätter, Schalotte, Schale und Saft der Orange hinzufügen und behutsam durchmischen, sodass alle Salatzutaten mit Vinaigrette überzogen sind.

2. Auf einer großen Servierplatte die restlichen Rucolablätter auslegen. Den Kichererbsensalat auf dem Rucolabett anrichten und die Eierviertel daraufsetzen.

FÜR 4–6 PERSONEN

116

GEGRILLTE SALATHERZEN MIT PARMESANSPÄNEN

ZUBEREITUNGSZEIT: 12 Min.
GRILLZEIT: etwa 2 Min.

Für das Dressing

80 ml Olivenöl
2 EL Zitronensaft
2 EL Mayonnaise
1 EL Dijon-Senf
1 TL Rotweinessig
1 TL Worcestersauce
2 Knoblauchzehen
¼ TL grobes Meersalz
¼ TL frisch gemahlener schwarzer Pfeffer

3 Romanasalatherzen, längs halbiert
60 g Parmesan am Stück

1. Den Grill für direkte mittlere Hitze (175–230 °C) vorbereiten (siehe Seite 10–11).

2. Die Zutaten für das Dressing im Mixer glatt und cremig rühren.

3. Den Grillrost mit der Bürste reinigen. Salatherzen mit den Schnittflächen nach unten über *direkter mittlerer Hitze* bei geschlossenem Deckel etwa 2 Min. grillen, bis sie eben beginnen zusammenzufallen, dabei einmal wenden. Vom Grill nehmen.

4. In eine große Schüssel die Hälfte des Dressings gießen und die Salatherzen darin von allen Seiten wenden. Salatherzen auf Tellern anrichten und mit einem Sparschäler jeweils Parmesanspäne darüberhobeln. Sofort mit dem restlichen Dressing servieren.

FÜR 6 PERSONEN

GRATINIERTE TOMATENHÄLFTEN

ZUBEREITUNGSZEIT: 5 Min.
GRILLZEIT: 4 Min.

Für die Brösel

6 EL japanisches Panko-Paniermehl (Asia-Laden)
2 EL Olivenöl
1½ TL zerdrückter Knoblauch
½ TL frisch gemahlener schwarzer Pfeffer
½ TL getrockneter Basilikum
½ TL getrockneter Oregano
1 kräftige Prise grobes Meersalz

4 mittelgroße Tomaten (vorzugsweise Strauchtomaten), Stielansatz und Kerne entfernt, quer halbiert
Olivenöl

1. Den Grill für direkte starke Hitze (230–290 °C) vorbereiten (siehe Seite 10–11).

2. In einer kleinen Schüssel die Zutaten für die Brösel vermischen. Sehr saftige Tomaten mit der Schnittfläche nach unten etwa 5 Min. auf Küchenpapier trocknen lassen. Schnittflächen der Tomaten großzügig mit Öl einpinseln.

3. Den Grillrost mit der Bürste reinigen. Tomaten mit der Schnittfläche nach unten über *direkter starker Hitze* bei geschlossenem Deckel etwa 2 Min. grillen, bis sie warm, aber noch formfest sind. Tomaten wenden und die Schnittflächen mit den Bröseln bestreuen. Den Deckel erneut schließen und etwa 2 Min. weitergrillen, bis die Brösel knusprig und leicht gebräunt sind. Die Tomaten vom Grill nehmen und warm servieren.

FÜR 4 PERSONEN

ASIATISCHE GEMÜSEPÄCKCHEN

ZUBEREITUNGSZEIT: 15 Min.
GRILLZEIT: 8–10 Min.

4 TL Erdnussöl
1 EL frisch geriebener Ingwer
2 TL zerdrückter Knoblauch
4 TL Sesamöl (geröstet)
2 TL Reisessig (Asia-Laden)
2½ TL Tamari- oder Sojasauce

4 Mini-Pak-Choi (etwa 350 g)
225 g Zuckerschoten, harte Stielenden
   und Blütenansatz entfernt, in 1 cm große
   Stücke geschnitten
1 kleine Dose Bambusschösslinge in Streifen
   (etwa 170 g Abtropfgewicht), abgetropft
2 Frühlingszwiebeln, nur die weißen
   und hellgrünen Teile in feine Ringe
   geschnitten
zerstoßene rote Chiliflocken

1. Alufolie in vier Stücke von je 35 x 40 cm zuschneiden und mit der glänzenden Seite nach unten einzeln auf einer Arbeitsfläche auslegen. Die Folien jeweils in der Mitte falten und wieder auseinanderklappen. Auf der rechten Folienseite in die Mitte jeweils 1 TL Erdnussöl träufeln. In einer kleinen Schüssel Ingwer, Knoblauch, Sesamöl, Essig, Tamari- oder Sojasauce vermischen.

2. Den Grill für direkte mittlere Hitze (175–230 °C) vorbereiten (siehe Seite 10–11).

3. Die weichen äußeren Blätter von den Pak-Choi-Köpfen abtrennen und in 2 cm breite Streifen schneiden. Die Stiele quer in 1 cm breite Stücke schneiden, das Strunkende abschneiden. Je ein Viertel (in dieser Reihenfolge) der Pak-Choi-Stiele, Zuckerschoten, Bambusstreifen und Frühlingszwiebeln auf die Folienseite mit dem Erdnussöl häufen, anschließend jeweils ein Viertel der Pak-Choi-Blätter daraufgeben. Die Ränder der rechten Folienseite etwas nach oben knicken, damit nichts auslaufen kann, anschließend je ein Viertel des Ingwer-Knoblauch-Dressings auf das Gemüse geben und mit 1–2 Prisen Chiliflocken bestreuen. Die linke Folienseite locker über das Gemüse schlagen, sodass sie mit dem Rand der rechten Seite abschließt. Die Ränder der drei offenen Seiten doppelt nach innen falten und fest verschließen.

4. Die Folienpäcken über **_direkter mittlerer Hitze_** bei geschlossenem Deckel 8–10 Min. grillen, bis das Gemüse knackig-zart ist. Vom Grill nehmen und vor dem Servieren die aufgeblähte Folienoberseite mit einer Schere einschneiden, damit der heiße Dampf im Inneren austreten kann.

FÜR 4 PERSONEN

IN FOLIE GEGRILLTE MAISKOLBEN MIT WÜRZIGER LIMETTENBUTTER

ZUBEREITUNGSZEIT: 10 Min.
GRILLZEIT: 8–30 Min.

Für die Butter

60 g weiche Butter
fein abgeriebe Schale von 1 Bio-Limette
½ TL grobes Meersalz
1 kräftige Prise frisch gemahlener
    schwarzer Pfeffer
1 kräftige Prise Cayennepfeffer

4 Maiskolben, ohne Hüllblätter

1. Den Grill für direkte starke Hitze
(230–290 °C) vorbereiten (siehe Seite 10–11).

2. In einer kleinen Schüssel mit einer Gabel die
Butter mit der Limettenschale und den Gewürzen verkneten. Die Maiskolben rundherum mit
der Würzbutter einreiben, anschließend jeden
Maiskolben eng in ein Stück Alufolie schlagen
und die Folienenden fest verdrehen.

3. Den Grillrost mit der Bürste reinigen. Maiskolben über *direkter starker Hitze* bei geschlossenem Deckel 8–10 Min. grillen, bis die Körner
weich und stellenweise goldbraun sind, dabei
zwei- bis dreimal wenden. Vom Grill nehmen
und ein paar Minuten in der Folie abkühlen lassen. Die Maiskolben aus der Folie wickeln und
sofort servieren.

FÜR 4 PERSONEN

KLEINE KARTOFFELN MIT WEIN-BUTTER-SAUCE UND KRÄUTERN

ZUBEREITUNGSZEIT: 15 Min.

700 g kleine längliche Kartoffeln (Fingerlinge),
    die Schale gründlich abgebürstet
400 ml trockener Weißwein
4 EL fein gewürfelte Schalotten
4 EL Weißweinessig
2 EL Butter
¾ TL grobes Meersalz
¼ TL frisch gemahlener schwarzer Pfeffer
2 EL fein gehackte glatte Petersilien-
    oder Estragonblätter

1. Jede Kartoffel zweimal mit einer Gabel einstechen. Kartoffeln in einen mittelgroßen Topf
füllen und mit Wein, Schalotten, Essig, Butter,
Salz und Pfeffer vermengen. Kartoffeln im geschlossenen Topf auf mittlerer bis hoher Stufe
aufkochen, anschließend bei reduzierter Hitze
etwa 20 Min. sanft köcheln lassen, bis sie weich
sind, aber noch nicht zerfallen. Gelegentlich umrühren.

2. Topf vom Herd nehmen. Mit einem Schaumlöffel die Kartoffeln und die an ihnen haftenden
Schalotten aus dem Sud heben und in eine
hitzefeste Schüssel geben. Im warmen Backofen
warm halten und die Sauce zubereiten.

3. Den Topf zurück auf den Herd stellen und den
Weinsud auf hoher Stufe 5–8 Min. offen kochen
lassen, bis er in etwa die Konsistenz von Sahne
angenommen hat. Petersilie oder Estragon einrühren. Kartoffeln mit der Sauce übergießen und
warm servieren.

FÜR 6 PERSONEN

Beilagen

GEGRILLTE KARTOFFEL-SCHEIBEN MIT CHILI-FRÜHLINGSZWIEBEL-CREME

ZUBEREITUNGSZEIT: 15 Min.
GRILLZEIT: 7–11 Min.

4 große Ofenkartoffeln (etwa 1 kg),
  geschält, längs in 1–1,5 cm dicke Scheiben
  geschnitten

250 g Crème fraîche
½ TL Chipotle-Chilipulver (siehe Tipp)
4 Frühlingszwiebeln, nur die weißen
  und hellgrünen Teile fein gehackt
½ TL grobes Meersalz

4 EL Mayonnaise
2 EL Dijon-Senf
¼ TL frisch gemahlener schwarzer Pfeffer

2 Avocados, das Fruchtfleisch in
  0,5 cm große Würfel geschnitten

TIPP!

Ganz nach Geschmack können Sie
mehr oder weniger von dem Chilipulver
verwenden. Oder Sie ersetzen es durch
ein schärferes oder milderes Chilipulver
Ihrer Wahl.

1. Die Kartoffelscheiben in einem großen Topf mit kaltem Wasser aufsetzen, das Wasser zum Kochen bringen und die Kartoffeln in 5–6 Min. knapp weich garen. Behutsam, damit sie nicht zerbrechen, in ein großes Sieb abgießen, und unter fließendem kaltem Wasser abspülen, um den Garprozess zu stoppen. Die Kartoffelscheiben auf einem sauberen Küchentuch zum Trocknen auslegen, die Oberseite jeweils trockentupfen. Die Kartoffeln anschließend nebeneinander auf ein Backblech legen und bis zur weiteren Verwendung beiseitestellen (bis zu 1 Std.).

2. Den Grill für direkte mittlere Hitze (175–230 °C) vorbereiten (siehe Seite 10–11).

3. Inzwischen in einer mittelgroßen Schüssel Crème fraîche, Chilipulver, die Hälfte der Frühlingszwiebeln und ¼ TL Salz mit dem Schneebesen verrühren. In einer kleinen Schüssel die Mayonnaise mit dem Senf, dem restlichen ¼ TL Salz und Pfeffer verrühren.

4. Die Kartoffelscheiben auf beiden Seiten mit der Mayonnaise-Mischung bestreichen. Den Grillrost mit der Bürste reinigen. Die Kartoffeln über *direkter mittlerer Hitze* bei geschlossenem Deckel 4–6 Min. grillen, bis sie auf der Unterseite goldbraun und knusprig sind. Mit einer Grillzange wenden und weitere 3–5 Min. grillen Die Kartoffelscheiben auf einer Servierplatte anrichten, jeweils einen Klecks Chili-Frühlingszwiebel-Creme und Avocadowürfel daraufsetzen und mit den restlichen Frühlingszwiebeln bestreuen. Sofort servieren.

FÜR 4–6 PERSONEN

KARTOFFELPFANNE MIT THYMIAN UND KÄSE

ZUBEREITUNGSZEIT: 15 Min.
GRILLZEIT: 32–34 Min.
ZUBEHÖR: gusseiserne Pfanne (28 cm Ø)

2 EL Butter, zerlassen
2 EL Olivenöl
3 Knoblauchzehen, in dünne Scheiben
    geschnitten
3 kleine Thymianzweige, die Blätter gehackt
½ TL grobes Meersalz
¼ TL frisch gemahlener schwarzer Pfeffer

500 g festkochende Kartoffeln,
    in 0,5 cm dicke Scheiben geschnitten
½ kleine rote Zwiebel, längs in sehr dünne
    Streifen geschnitten

100 g Fontina (italienischer Hartkäse),
    in dicke Scheiben geschnitten
1 EL Schnittlauchröllchen oder grob gehackte
    Estragonblätter

1. Den Grill für indirekte mittlere Hitze (175–230 °C) vorbereiten (siehe Seite 10–11) und die gusseiserne Pfanne vorheizen.

2. In einer großen Schüssel Butter, Öl, Knoblauch, Thymian, Salz und Pfeffer mit einem Schneebesen verrühren. Kartoffeln und Zwiebeln dazugeben und alles gründlich vermischen.

3. Die Kartoffel-Zwiebel-Mischung in einer Lage in der Pfanne verteilen und über *indirekter mittlerer Hitze* bei geschlossenem Deckel etwa 30 Min. grillen, bis die Kartoffeln schön gebräunt und weich sind, aber noch nicht zerfallen. Während des Garens die Kartoffeln mit einem Grillwender aus Metall alle 8–10 Min. vorsichtig wenden. Anschließend die Käsescheiben gleichmäßig über die Kartoffeln geben, den Deckel wieder schließen und 2–4 Min. weitergrillen, bis der Käse geschmolzen ist. Die Pfanne vom Grill nehmen, den geschmolzenen Käse mit den Kräutern bestreuen und sofort servieren

FÜR 4–6 PERSONEN

Beilagen

IN DER FOLIE KARAMELLISIERTER KARTOFFEL-ZWIEBEL-MIX MIT SULTANINEN

ZUBEREITUNGSZEIT: 10 Min.
GRILLZEIT: 10–13 Min.

60 ml Olivenöl
60 ml trockener Weißwein oder Wermut
   (oder Apfelsaft)
6 EL heller Vollrohrzucker
½ TL gemahlener Piment
½ TL grobes Meersalz
¼ TL frisch gemahlener schwarzer Pfeffer

2 Yams oder Süßkartoffeln (etwa 550 g),
   geschält, längs halbiert und quer in
   0,5 cm dicke Scheiben geschnitten
150 g kleine rote Kartoffeln, geschält,
   quer in 0,5 cm dicke Scheiben geschnitten
1 kleine rote Zwiebel, halbiert,
   in dünne Ringe geschnitten
6 EL Sultaninen
60 g Butter, in acht Stücke geschnitten

1. Den Grill für direkte mittlere Hitze (175–230 °C) vorbereiten (siehe Seite 10–11).

2. Vier Stücke Alufolie von je 35 x 40 cm zuschneiden und mit der glänzenden Seite nach unten einzeln auf einer Arbeitsfläche auslegen. Die Folien jeweils in der Mitte falten und wieder auseinanderklappen. Die Ränder der rechten Folienseite etwas nach oben knicken, damit nichts auslaufen kann.

3. In einer großen Schüssel das Öl mit Wein oder Wermut, Zucker, Piment, Salz und Pfeffer verrühren. Yams oder Süßkartoffeln, rote Kartoffeln und Zwiebelringe hinzufügen und gründlich im Würzöl wenden, sodass alle Stücke gut davon überzogen sind. Je ein Viertel der Kartoffelmischung und der Sultanien jeweils in die Mitte einer rechten Folienseite häufen und 2 Butterstückchen daraufsetzen. Die linke Folienseite locker darüberschlagen, sodass sie mit dem Rand der rechten Seite abschließt. Die Ränder der drei offenen Seiten doppelt nach innen falten und fest verschließen.

4. Folienpäckchen über *direkte mittlere Hitze* legen und den Kartoffelmix bei geschlossenem Deckel 10–13 Min. grillen, bis die Zutaten weich sind. Vom Grill nehmen, die aufgeblähte Folienoberseite mit einer Schere etwas einschneiden, damit der heiße Dampf im Inneren austreten kann, und servieren.

FÜR 4 PERSONEN

122

KARTOFFEL-MAIS-SALAT MIT ROTEN ZWIEBELN

ZUBEREITUNGSZEIT: 15 Min.
GRILLZEIT: 12–15 Min.
ZUBEHÖR: gelochte Grillpfanne

1 kg mittelgroße rot- oder gelbschalige
   Kartoffeln, geschält
Olivenöl
½ EL Dijon-Senf
grobes Meersalz
frisch gemahlener schwarzer Pfeffer
1 große rote Zwiebel, quer in 1,25 cm dicke
   Scheiben geschnitten

2 EL Weißweinessig
1 EL Dijon-Senf
200 g TK-Maiskörner, aufgetaut (siehe Tipp)
12 sonnengetrocknete Tomaten in Öl,
   abgetropft, fein gehackt
2 Handvoll grob gehackte Basilikumblätter

TIPP!

Wenn Mais Saison hat, sollten Sie statt der TK-Maiskörner frische Maiskörner von den Kolben schneiden. Für die hier angegebene Menge von 200 g brauchen Sie etwa 2 Maiskolben.

1. Den Grill für direkte mittlere Hitze (175–230 °C) vorbereiten (siehe Seite 10–11) und die Grillpfanne vorheizen.

2. Die Kartoffeln längs halbieren, jede Hälfte in vier Spalten schneiden. In einer großen Schüssel 60 ml Olivenöl mit dem Senf, ½ TL Salz und ¼ TL Pfeffer glatt rühren. Kartoffelstücke hinzufügen und gründlich darin wenden. Die Zwiebelscheiben auf beiden Seiten mit Öl bestreichen, salzen und pfeffern.

3. In einer Servierschüssel 6 EL Öl, Essig, Senf, ½ TL Salz und ¼ TL Pfeffer zu einem Dressing verrühren. Maiskörner, sonnengetrocknete Tomaten und Basilikum zufügen, aber noch nicht vermischen.

4. Die Kartoffeln in einer Lage in der Grillpfanne verteilen. Die Zwiebelscheiben auf den Grillrost legen. Kartoffeln und Zwiebel über *direkter mittlerer Hitze* bei geschlossenem Deckel grillen, bis die Zwiebelscheiben weich und die Kartoffeln gar sind, dabei die Zutaten zwei- bis dreimal wenden. Die Kartoffeln brauchen 12–15 Min., die Zwiebelscheiben 8–10 Min. Kartoffeln in die Servierschüssel zum Mais geben. Zwiebelscheiben auf einem Schneidbrett grob würfeln und in die Servierschüssel füllen.

5. Den Kartoffel-Mais-Salat durchmischen und sofort servieren.

FÜR 4–6 PERSONEN

Beilagen

KARAMELLISIERTE BLUMENKOHLRÖSCHEN MIT GRÜNEN OLIVEN UND FETA

ZUBEREITUNGSZEIT: 25 Min.
GRILLZEIT: 6–10 Min.
ZUBEHÖR: gelochte Grillpfanne

1 Blumenkohl (etwa 600 g)
2 EL Olivenöl
1 EL Butter, zerlassen
1 EL grob gehackte Oreganoblätter
fein abgeriebene Schale von 1 großen
   Bio-Zitrone (etwa 2 TL)
½ TL grobes Meersalz
¼ TL frisch gemahlener schwarzer Pfeffer

3–4 Eiertomaten, Stielansatz und Kerne
   entfernt, in 0,5 cm dicke Scheiben
   geschnitten
200 g mild eingelegte grüne Oliven
   (z. B. Picholines), entsteint, geviertelt
100 g Feta, zerbröckelt
2 EL grob gehackte Kräuter (z. B. glatte Petersilie, Kerbel, Schnittlauch oder Dill)
1 EL Sherry-Essig

TIPP!

Zum Entsteinen mit der flachen Seite eines großen Messers die Oliven kräftig andrücken. So platzt das Fruchtfleisch etwas auf und der Stein lässt sich leicht herauslösen.

1. Den Grill für direkte starke Hitze (230–290 ºC) vorbereiten (siehe Seite 10–11) und die Grillpfanne vorheizen.

2. Den Blumenkohl waschen, putzen und in walnussgroße ganze oder halbe Röschen mit gut 1 cm langen Stielen teilen. Zugedeckt im Dampfgarer oder in siedendem Wasser in 6–8 Min. nur knapp weich garen. In einer großen Schüssel Öl, Butter, Oregano, 1 TL Zitronen-schale, Salz und Pfeffer mit dem Schneebesen verrühren. Die gegarten, abgetropften Blumen-kohlröschen zugeben und gleichmäßig in der Öl-Butter-Mischung wenden.

3. Tomaten, Oliven, Feta, Kräuter, Essig und die restliche Zitronenschale in einer großen Servier-schüssel vermischen.

4. Blumenkohlröschen in einer Lage in der Grillpfanne verteilen und über *direkter starker Hitze* bei geschlossenem Deckel 6–10 Min. gril-len, bis sie leicht karamellisiert und goldbraun sind. In dieser Zeit ein- bis zweimal wenden und dabei die Röschen fest andrücken, damit sie bes-ser mit der heißen Grillpfanne in Kontakt kom-men. Die gegrillten Blumenkohlröschen zu den anderen Zutaten in die große Servierschüssel geben und behutsam durchmischen. Zu Pasta, Reis oder Getreide als Hauptgericht servieren.

FÜR 4 PERSONEN

ZITRUSWÜRZIGER STÄNGELKOHL

ZUBEREITUNGSZEIT: 15 Min.
GRILLZEIT: etwa 4 Min.
ZUBEHÖR: gelochte Grillpfanne

  550 g Stängelkohl (italienischer Cima di rapa;
    ersatzweise 400 g Brokkoli)
  2 EL Olivenöl
  ½ TL grobes Meersalz
  ¼ TL frisch gemahlener schwarzer Pfeffer
  1½ TL fein abgeriebene Schale von
    1 Bio-Orange
  1½ TL fein abgeriebene Schale von
    1 Bio-Zitrone

1. Den Grill für direkte starke Hitze
(230–290 °C) vorbereiten (siehe Seite 10–11)
und die Grillpfanne vorheizen.

2. Vom Stängelkohl dicke oder holzige Stielenden abschneiden. Die Stiele im steilen Win-
kel einschneiden, damit sie zusammen mit den
Blüten und Blättern des Kohls gleichmäßig
garen. Stängelkohl in einen Dämpfkorb geben
und über einem Topf mit kochendem Wasser
5 Min. dämpfen. In eine große Schüssel umfüllen, mit Öl, Salz, Pfeffer und der Hälfte der
Zitrusschalen gleichmäßig vermischen.

3. Stängelkohl in einer Lage in der Grillpfanne
verteilen und über *direkter starker Hitze* bei
geschlossenem Deckel etwa 4 Min. grillen, bis er
knackig-zart und stellenweise gebräunt ist, dabei
mehrmals wenden. Vom Grill nehmen, mit den
restlichen Zitrusschalen bestreuen und warm
servieren.

FÜR 4 PERSONEN

GEGRILLTER ROSENKOHL MIT HASELNUSSBRÖSELN

ZUBEREITUNGSZEIT: 20 Min.
GRILLZEIT:10–15 Min.
ZUBEHÖR: gelochte Grillpfanne

Für die Brösel
  2 TL Olivenöl
  55 g japanisches Panko-Paniermehl
    (Asia-Laden)
  2 EL fein gehackte Haselnusskerne

  700 g Rosenkohl, geputzt, längs halbiert
  1 EL Butter, zerlassen
  ¾ TL grobes Meersalz
  ¼ TL frisch gemahlener schwarzer Pfeffer
  Saft von ½ Zitrone

1. In einer mittelgroßen Pfanne das Öl auf
mittlerer bis hoher Stufe erhitzen. Paniermehl
und Haselnüsse zugeben und 3–5 Min. unter
häufigem Rühren goldbraun rösten. Die Pfanne
vom Herd nehmen und beiseitestellen.

2. Den Grill für direkte schwache Hitze
(120–175 °C) vorbereiten (siehe Seite 10–11)
und die Grillpfanne vorheizen.

3. In einer großen Schüssel Rosenkohlröschen
mit zerlassener Butter, Salz und Pfeffer vermischen. In einer Lage in der Grillpfanne verteilen und über *direkter schwacher Hitze* bei
geschlossenem Deckel 10–15 Min. grillen, bis
sie knackig-zart sind, dabei mehrmals wenden.
Auf einer Servierplatte anrichten, mit Zitronensaft beträufeln und mit den Haselnussbröseln
bestreuen. Warm servieren.

FÜR 4–6 PERSONEN

Beilagen

BUTTERNUSSKÜRBIS MIT BRAUNER KAPERNBUTTER

ZUBEREITUNGSZEIT: 20 Min.
MARINIERZEIT: 2 Std. oder über Nacht
GRILLZEIT: 10–14 Min.

1 Butternusskürbis (700–900 g)

Für die Marinade
2 EL Olivenöl
1 EL Rotweinessig
1 EL Honig
2 TL fein gehackte Salbeiblätter
   oder 1 TL getrockneter Salbei
2 TL zerdrückter Knoblauch
¾ TL grobes Meersalz
¼ TL frisch gemahlener schwarzer Pfeffer

Für die Butter
200 g Butter, in zwölf Stücke geschnitten
60 g feinste Kapern, gut abgetropft
1 EL Zitronensaft

1. Mit einem scharfen Messer die Enden des Kürbisses abschneiden. Mit einem Sparschäler die Schale entfernen. Das Kürbisfruchtfleisch quer in 1 cm dicke Scheiben schneiden und von den Kernen und dem faserigen Inneren befreien.

2. Die Zutaten für die Marinade in einer großen Backform mit dem Schneebesen verrühren, anschließend die Kürbisstücke darin wenden, sodass alle gut mit Marinade überzogen sind. Bei Raumtemperatur 2 Std. marinieren. Noch aromatischer wird der Kürbis, wenn er abgedeckt im Kühlschrank über Nacht mariniert (wenn möglich, ab und zu wenden).

3. Den Grill für direkte mittlere Hitze (175–230 °C) vorbereiten (siehe Seite 10–11).

4. In einer kleinen Pfanne die Butter auf mittlerer bis hoher Stufe erhitzen, dabei die Pfanne häufig schwenken, bis die Butter schaumig und nussig-goldbraun wird. Kapern und Zitronensaft hinzufügen (Vorsicht vor heißen Spritzern!), ein- bis zweimal in der Butter schwenken und die Pfanne vom Herd nehmen.

5. Kürbisstücke aus der Marinade nehmen und über der Backform abtropfen lassen (die Marinade wird nicht mehr gebraucht). Den Grillrost mit der Bürste reinigen. Den Kürbis über *direkter mittlerer Hitze* bei geschlossenem Deckel 10–14 Min. grillen, dabei ein- bis zweimal wenden, bis die Stücke weich sind und auf beiden Seiten ein hübsches Grillmuster angenommen haben. Vom Grill nehmen und auf einer Servierplatte anrichten. Die Kapernbutter aufwärmen, über den Kürbis löffeln und sofort servieren.

FÜR 4–6 PERSONEN

126

HASELNUSS-PILAW

ZUBEREITUNGSZEIT: 10 Min.

3 EL Olivenöl
150 g Zwiebeln, fein gewürfelt
60 g Haselnusskerne, grob gehackt
275 g Langkornreis
400 ml Gemüsebrühe
¾ TL grobes Meersalz
60 g Butter, in vier Stücke geschnitten

1. In einem mittelgroßen Topf das Öl auf mittlerer Stufe erhitzen und die Zwiebeln darin 7–8 Min. braten, bis sie etwas weich sind und Farbe angenommen haben. Ab und zu umrühren. Haselnüsse 1 Min. mitgaren, dann den Reis einstreuen und unter häufigem Rühren in etwa 4 Min. glasig dünsten (einige Körner werden möglicherweise auch bräunen).

2. Gemüsebrühe und 250 ml Wasser angießen, das Salz zufügen und alles zum Kochen bringen. Anschließend den Deckel halb auflegen und die Hitze so weit reduzieren, dass die Flüssigkeit im Topf nur sanft köchelt. Den Reis ohne umzurühren etwa 20 Min. köcheln lassen, bis er die gesamte Flüssigkeit aufgenommen hat. Topf vom Herd nehmen und stückchenweise die Butter unterrühren. Pilaw warm servieren

FÜR 6–8 PERSONEN

WILDREISSALAT MIT GETROCKNETEN APRIKOSEN, GRÜNKOHL UND PINIENKERNEN

ZUBEREITUNGSZEIT: 15 Min., plus 40–45 Min. für den Reis

160 g Wildreis
16 getrocknete Aprikosen
35 g Pinienkerne
125 g Grünkohlblätter, zerpflückt
2 EL fein gewürfelte Schalotten
2 EL Olivenöl
4 TL Zitronensaft
1 TL grobes Meersalz
½ TL frisch gemahlener schwarzer Pfeffer

1. Den Wildreis nach Packungsanleitung in 40–45 Min. weich garen. In ein Sieb abgießen und gut abtropfen lassen. Inzwischen die Aprikosen in einer mittelgroßen Schüssel 20 Min. in warmem Wasser quellen lassen. Abgießen und in würfelgroße Stücke schneiden. In einer großen Pfanne die Pinienkerne ohne Fett auf mittlerer Stufe goldbraun rösten. Auf einem Teller abkühlen lassen.

2. Grünkohl mit 60 ml Wasser in die Pfanne geben und auf mittlerer Stufe in etwa 10 Min. zugedeckt weich dünsten, ab und zu umrühren. Bei Bedarf noch etwas Wasser zugeben, falls der Kohl zu trocken wird. Die Pfanne vom Herd nehmen, den Kohl handwarm abkühlen lassen, anschließend gut ausdrücken und grob hacken. Alle Salatzutaten in einer Servierschüssel vermischen und den Reissalat warm oder abgekühlt servieren.

FÜR 4–6 PERSONEN

Würzmischungen

Würzmischungen müssen keineswegs exotische Mixturen aus unzähligen Gewürzen sein. Die einfachste Würzmischung (und vielleicht die großartigste überhaupt) besteht aus Salz und Pfeffer. Man könnte sie die »Mutter aller Würzmischungen« nennen, denn fast alle beruhen auf dieser Kombination von Salzigkeit und Pfefferschärfe.

In diesem Buch wird für alle Würzmischungen grobes Meersalz anstelle von einfachem Tafelsalz verlangt, und das mit gutem Grund. Der Natriumgehalt von Tafelsalz ist erheblich höher als bei naturreinem Meersalz, gleichzeitig ist der Geschmack bei Weitem nicht so klar und unverfälscht. Bei Pfeffer sollten Sie möglichst immer ganze Pfefferkörner frisch mahlen, denn so schmeckt er um Längen besser als fertig gemahlener Pfeffer aus der Plastikdose.

Nehmen Sie die folgenden Rezepte für Würzmischungen als Ausgangspunkt für Ihre eigene Kreativität und Ihren eigenen Geschmack. Variieren Sie mit den Mengen der Zutaten und probieren Sie, das Grillgut mal vor und mal nach dem Grillen zu würzen. So lassen sich ganz unterschiedliche Geschmacksnoten hervorrufen, da mitgegarte Gewürze einen tiefgründigeren, gerösteten Unterton haben, während erst nach dem Grillen zugegebene Gewürze frischer und dominanter auftreten.

FRISCHE IM GEWÜRZREGAL

Die geschmacks- und geruchsgebenden ätherischen Öle in Gewürzen sind flüchtige Verbindungen, die sich mit der Zeit verlieren. Um diesen nicht aufzuhaltenden Aromaverlust so klein wie möglich zu halten, sollten Sie Gewürze stets in Geschäften kaufen, die ihren Warenbestand häufig erneuern. Achten Sie zudem auf kleine Behälter mit dicht schließenden Verschlüssen. Darin bleiben die Gewürze viel frischer als in großen Packungen, die zu viel Lufteintritt zulassen. Zuhause lagern Sie die Gewürze am besten kühl und dunkel, aber nicht im Kühlschrank oder Gefrierfach. Gewürzdosen, die aus einer so kalten Umgebung herausgenommen und später wieder in sie zurückgestellt werden, entwickeln im Inneren Kondenswasser, das die Gewürze verdirbt. Aber auch richtig gelagerte Gewürze bleiben nicht viel länger als sechs Monate frisch.

WÜRZMISCHUNGEN FÜR GEMÜSE

Klassische Weber-Mischung
ERGIBT: etwa 2 EL

1 TL Paprikapulver
1 TL Senfpulver
1 TL grobes Meersalz
1 TL Zwiebelgranulat
½ TL Knoblauchgranulat
½ TL gemahlener Koriander
½ TL gemahlener Kreuzkümmel
½ TL frisch gemahlener schwarzer Pfeffer

Die Zutaten in einer kleinen Schüssel vermischen.

Geröstete Kreuzkümmel-Mischung

ERGIBT: etwa 4 EL
ZUBEHÖR: Gewürzmühle

2 TL Kreuzkümmelsamen
1 TL Senfkörner
1 TL Koriandersamen
2 TL Paprikapulver
2 TL grobes Meersalz
2 TL Vollrohrzucker
½ TL Knoblauchgranulat
½ TL Cayennepfeffer

Kreuzkümmel, Senf und Koriandersamen in einer Pfanne auf mittlerer Stufe 2–3 Min. rösten, bis sich die Aromen entfalten, dabei die Pfanne ab und zu rütteln. Zusammen mit den restlichen Zutaten in einer Gewürzmühle fein mahlen.

Zitronen-Pfeffer-Salz

ERGIBT: etwa 2 EL
ZUBEHÖR: Gewürzmühle

2 Bio-Zitronen
4 TL grobes Meersalz
2 TL frisch gemahlener schwarzer Pfeffer

1. Den Backofen auf 100 °C vorheizen.

2. Mit einem Gemüseschäler von den Zitronen die Schale in dünnen Streifen abziehen, ohne die bittere weiße Haut mit abzuschälen. Die Zitronen-schalen im Ofen 30–45 Min. rösten, bis sie trocken und goldgelb sind. Abkühlen lassen.

3. Die getrockneten Zitronenschalen in der Gewürzmühle mahlen und mit Salz und Pfeffer vermischen. Sofort verwenden oder bis zu vier Wochen in einem luftdicht verschlossenen Behäl-ter aufbewahren.

Gewürzmischung Santa Fe

ERGIBT: etwa 2 EL

1½ TL grobes Meersalz
1 TL frisch gemahlener schwarzer Pfeffer
1 TL gemahlener Kreuzkümmel
1 TL Vollrohrzucker
½ TL Ancho-Chilipulver
½ TL getrockneter Oregano

Die Zutaten in einer kleinen Schüssel vermischen.

Koriander-Knoblauch-Mischung

ERGIBT: etwa 2 EL

2 TL gemahlener Koriander
2 TL Knoblauchpulver
1½ TL grobes Meersalz
¾ TL Zucker
¼ TL Cayennepfeffer

Die Zutaten in einer kleinen Schüssel vermischen.

New Orleans Barbecue-Gewürz

ERGIBT: etwa 3 EL

1 EL geräuchertes Paprikapulver
   (Feinkostladen)
1 TL Knoblauchgranulat
1 TL Zwiebelgranulat
1 TL getrockneter Oregano
1 TL getrockneter Thymian
1 TL grobes Meersalz
¼ TL Cayennepfeffer

Die Zutaten in einer kleinen Schüssel vermischen.

Marinaden

Beim Grillen von Gemüse spielen Marinaden eine wichtige Rolle. Wenn ein Gemüse nicht genügend Eigengeschmack mitbringt, kann eine Marinade dieses Defizit meist ausgleichen.

EIGENE MARINADEN HERSTELLEN

Grundsätzlich bestehen Marinaden aus einem sauren und einem öligen Anteil. Die Säure kann von jeder Art von Essig oder Zitrussaft herrühren. Sie hebt den Eigengeschmack des Gemüses hervor und bringt eigene Aromen ein. Beim Öl reicht die Bandbreite vom einfachen Rapsöl bis zum fruchtigen kaltgepressten Olivenöl oder dem sehr kräftig schmeckenden Walnussöl. In der Regel braucht jedes Gemüse etwas Öl, um nicht am Grillrost haften zu bleiben und anzubrennen. Darüber hinaus intensiviert das Öl in der Marinade den Geschmack des Grillguts. Marinaden können darüber hinaus weiter verfeinert werden: mit Salz und Pfeffer, die ohnehin fast unverzichtbar sind, mit getrockneten oder frischen Kräutern, zerdrücktem Knoblauch, geriebenem Ingwer, einer scharfen Pfeffersauce, Sojasauce, Senf und süßen Zutaten wie Honig. Zuckerhaltige Zutaten aber sparsam verwenden, da sie auf dem heißen Grill schnell verbrennen.

Wenn die Zeit knapp ist, verwenden Sie italienisches Salatdressing aus der Flasche. Es enthält alles, was eine Marinade braucht.

WIE LANGE SOLL DIE MARINADE EINWIRKEN?

15–30 MIN.	Weiches Gemüse wie Zucchini, gewürfelt oder in Scheiben
1–3 STD.	Ganzes, festes Gemüse wie Pilze
2–6 STD.	Alle harten Wintergemüse wie Kürbis

TIPP

Bei säurehaltigen Marinaden ist es wichtig, säurefeste Gefäße zu verwenden, also Behälter aus Glas, Plastik, Edelstahl oder Keramik. Aluminium und verschiedene andere Metalle reagieren mit der Marinade und verfälschen den Geschmack der Lebensmittel. Ich verwende am liebsten einen wiederverschließbaren, sauberen Plastikbeutel, in dem die Marinade von allen Seiten gleichmäßig auf die Zutaten einwirken kann. Auch ein Backblech mit hohem Rand eignet sich gut. Streichen Sie das Gemüse darin mit einem Pinsel von allen Seiten gut ein.

MARINADEN FÜR GEMÜSE

Zitronen-Minze-Marinade
ERGIBT: etwa 75 ml

3 EL Olivenöl
1 TL fein abgeriebene Schale von 1 Bio-Zitrone
2 EL Zitronensaft
1 EL fein gehackte Minzeblätter
1 Knoblauchzehe, zerdrückt
1 TL grobes Meersalz
½ TL frisch gemahlener schwarzer Pfeffer

Die Zutaten in einer kleinen Schüssel verrühren.

Griechische Inselmarinade
ERGIBT: etwa 150 ml

1 kleine Handvoll glatte Petersilienblätter,
   grob gehackt
4 EL trockener Weißwein
4 EL Olivenöl
fein abgeriebene Schale und Saft von
   ½ Bio-Zitrone
1 TL Knoblauchgranulat
1 TL getrockneter Oregano
1 TL Paprikapulver
¾ TL grobes Meersalz
¼ TL frisch gemahlener schwarzer Pfeffer

Die Zutaten in einer kleinen Schüssel verrühren.

Kokos-Ingwer-Marinade
ERGIBT: etwa 600 ml

1 kleines Bund Koriandergrün samt
   zarten Stielen
10 Knoblauchzehen
etwa 10 cm frischer Ingwer, geschält und
   in dünne Scheiben geschnitten
400 ml Kokosmilch
175 ml salzarme Sojasauce
4 EL Honig

Koriander, Knoblauch und Ingwer in der
Küchenmaschine oder im Mixer fein hacken.
In eine große Schüssel geben, die restlichen
Zutaten hinzufügen und alles gut vermischen.

Provenzalische Marinade
ERGIBT: etwa 350 ml

1 kleine Zwiebel, grob gewürfelt
1 kleine Handvoll glatte Petersilienblätter
   samt zarten Stielen
4 EL Rosmarinnadeln
4 große Knoblauchzehen
2 EL Dijon-Senf
2 EL Tomatenmark
2 TL grobes Meersalz
½ TL frisch gemahlener schwarzer Pfeffer
125 ml trockener Weißwein
4 EL Olivenöl

Die Zutaten außer dem Wein und dem Öl in
der Küchenmaschine oder im Mixer fein hacken.
Wein und Öl hinzufügen und alles zu einer
relativ glatten Flüssigkeit verarbeiten.

Marinaden

Süße Salbei-Marinade
ERGIBT: etwa 80 ml

2 EL Olivenöl
1 EL Rotweinessig
1 EL Honig
2 TL fein gehackte Salbeiblätter oder
   1 TL getrockneter Salbei
2 TL zerdrückter Knoblauch
¾ TL grobes Meersalz
¼ TL frisch gemahlener schwarzer Pfeffer

Die Zutaten in einer kleinen Schüssel verrühren.

Curry-Marinade
ERGIBT: etwa 300 ml

200 g griechischer Naturjoghurt
   (10 % oder 2 %)
2 EL Weißeinessig
2 TL zerdrückter Knoblauch
1½ TL frisch geriebener Ingwer
¾ TL gemahlene Kurkuma
½ TL gemahlener Koriander
½ TL gemahlener Kreuzkümmel
½ TL grobes Meersalz

Die Zutaten in einer mittelgroßen Schüssel
verrühren.

Würzige Soja-Marinade
ERGIBT: etwa 350 ml

125 ml salzarme Sojasauce
125 ml Öl
4 EL Reisessig
3 EL Sesamöl (geröstet)
2 TL scharfe Chili-Knoblauch-Sauce
   (z. B. Sriracha aus dem Asia-Laden)

Die Zutaten in einer kleinen Schüssel verrühren.

Dijon-Knoblauch-Marinade
ERGIBT: etwa 120 ml

4 EL Olivenöl
1 EL zerdrückter Knoblauch
1 EL Aceto balsamico
1 EL Dijon-Senf
1 TL getrockneter Thymian
½ TL grobes Meersalz
½ TL frisch gemahlener schwarzer Pfeffer

Die Zutaten in einer kleinen Schüssel verrühren.

Balsamico-Marinade
ERGIBT: etwa 120 ml

4 EL Olivenöl
3 EL Aceto balsamico
1 EL Sojasauce
1 TL fein gehackte Rosmarinnadeln oder
   ½ TL gemahlener Rosmarin
½ TL frisch gemahlener schwarzer Pfeffer
¼ TL grobes Meersalz

Die Zutaten in einer kleinen Schüssel verrühren.

Saucen

Saucen, zu denen hier auch Salsas, Pestos, Chutneys oder Würzbutter gehören, bieten Grillfans beinahe unerschöpfliche Möglichkeiten, ihre Gerichte zu ergänzen und zu verfeinern. Auf den folgenden Seiten finden Sie eine Reihe von Saucenrezepten, die vorzüglich zu Gemüse passen. Sobald Sie ein Gespür dafür entwickelt haben, welche Aromen sich ergänzen und wie die richtige Konsistenz einer Sauce erreicht wird, sollten Sie ruhig Ihre eigenen Saucen kreieren.

SAUCEN FÜR GEMÜSE

Zaziki
ERGIBT: etwa 250ml

¼ Salatgurke (etwa 100 g), geschält, entkernt, fein gerieben
175 g griechischer Naturjoghurt (2 %)
1 TL zerdrückter Knoblauch
½ TL Weißweinessig
¼ TL grobes Meersalz
1 kräftige Prise gemahlener weißer Pfeffer

1. Die geriebene Gurke in ein feinmaschiges Sieb geben und über einer Schüssel 10 Min. abtropfen lassen.

2. Die abgetropfte Gurke in einer mittelgroßen Schüssel mit den restliche Zutaten vermischen. Abschmecken und bei Bedarf etwas nachsalzen. Bis zur Verwendung in den Kühlschrank stellen.

Curry-Tomaten-Sauce
ERGIBT: etwa 450 ml

1 Dose stückige Tomaten (420 g Inhalt), abgetropft
2 EL Olivenöl
1 EL Zitronensaft
¾ TL Currypulver
½ TL Zucker
¼ TL grobes Meersalz

Die Zutaten in einem kleinen Topf vermischen und auf mittlerer Stufe etwa 5 Min. erhitzen, dabei gelegentlich umrühren.

Spinatpesto
ERGIBT: etwa 500 ml

75 g kleine zarte Spinatblätter
35 g Basilikumblätter
80 ml Olivenöl
2 EL Pinienkerne, goldgelb geröstet
2 TL zerdrückter Knoblauch
¾ TL grobes Meersalz
¼ TL frisch gemahlener schwarzer Pfeffer
3 EL fein geriebener Pecorino

Die Zutaten bis auf den Käse in der Küchenmaschine pürieren. Den Käse dazugeben und ein- oder zweimal in Intervallen untermixen.

Saucen

Cranberry-Zitronen-Chutney
ERGIBT: etwa 600 ml

150 g Zwiebeln, gewürfelt
100 g getrocknete Cranberrys oder
   getrocknete Kirschen
100 g Sultaninen
125 ml Apfelessig
3 EL Zucker
1 EL fein abgeriebene Schale von 1 Bio-Zitrone
2 EL Zitronensaft
¼ TL zerstoßene rote Chiliflocken

Die Zutaten in einem mittelgroßen Topf auf mittlerer bis hoher Stufe zum Kochen bringen. Die Hitze reduzieren und 15–20 Min. köcheln lassen, dabei gelegentlich umrühren, bis fast die gesamte Flüssigkeit eingekocht ist.

Würzige Erdnusssauce
ERGIBT: etwa 500 ml

200 g feine Erdnusscreme
4 EL gehackte Korianderblätter
3 EL Limettensaft
3 EL Sojasauce
2 EL Sesamöl (geröstet)
1 EL frisch geriebener Ingwer
1 TL scharfe Chili-Knoblauch-Sauce
   (z. B. Sriracha aus dem Asia-Laden)

Die Zutaten in der Küchenmaschine oder im Mixer mit 180 ml kochendem Wasser zu einer glatten Sauce mixen.

Aïoli
ERGIBT: etwa 500 ml

20 mittelgroße Knoblauchzehen, geschält
1 Ei (Größe L), raumtemperiert
1 EL Rotweinessig
1 TL Dijon-Senf
½ TL grobes Meersalz
175 ml Olivenöl
60 ml Rapsöl
1½ EL Zitronensaft
¼ TL gemahlener weißer Pfeffer

1. In einem kleinen Topf die Knoblauchzehen mit kaltem Wasser bedecken. Aufkochen und 30 Sek. köcheln lassen. Knoblauch in ein Sieb abgießen, zurück in den Topf füllen und erneut mit kaltem Wasser bedecken. Wieder aufkochen, abgießen und den Vorgang ein weiteres Mal wiederholen. Die Knoblauchzehen anschließend 5 Min. im Sieb abkühlen lassen.

2. Knoblauch mit Ei, Essig, Senf und Salz 15 –30 Sek. im Mixer pürieren, bis die Mischung glatt ist. Anschließend bei laufendem Motor langsam beide Öle unterrühren. Wenn das gesamte Öl eingearbeitet ist, Zitronensaft und Pfeffer zufügen und nochmals durchmixen.

Ananas-Salsa
ERGIBT: etwa 650 ml

½ Ananas, geschält, das Fruchtfleisch (etwa 350 g) in 0,5 cm große Würfel geschnitten
1 kleine rote Paprikaschote, in 0,5 cm große Würfel geschnitten
4 TL frisch geriebener Ingwer
1 EL Limettensaft

2 TL fein gehackte Thai- oder Serrano-
Chilischoten (ohne Samen)
½ TL grobes Meersalz

Die Zutaten in einer mittelgroßen Schüssel
vermischen.

Avocado-Salsa
ERGIBT: etwa 350 ml

1 große Avocado, das Fruchtfleisch,
klein gewürfelt
1 kleine Eiertomate, Stielansatz und Kerne
entfernt, klein gewürfelt
2 EL Limettensaft
1 EL fein gehackte Korianderblätter
1 EL sehr fein gehackte rote Paprika
(nach Belieben)
2 TL sehr fein gewürfelte Schalotte
½ TL grobes Meersalz

Die Zutaten in einer mittelgroßen Schüssel
vermischen und zugedeckt in den Kühlschrank
stellen.

Erbsenpesto
ERGIBT: etwa 350 ml

125 g feine TK-Erbsen, aufgetaut
15 g Basilikumblätter (etwa 30 Blätter)
15 g Minzeblätter (etwa 30 Blätter)
2 EL Pinienkerne
1 TL zerdrückter Knoblauch
¼ TL grobes Meersalz
80 ml Olivenöl

Die Zutaten in der Küchenmaschine etwa 2 Min.
pürieren, bis eine hellgrüne, cremige, aber noch
leicht stückige Masse entsteht. Dabei anhaftende

Reste am Rand wieder in die Masse einarbeiten
Das Pesto vor dem Servieren 5–10 Min. kalt
stellen.

Louisiana-Butter
ERGIBT: etwa 4 EL

1 TL Paprikapulver
½ TL Zwiebelpulver
½ TL grobes Meersalz
¼ TL getrockneter Thymian
¼ TL getrockneter Oregano
1 kräftige Prise Cayennepfeffer
4 EL weiche Butter

Paprikapulver, Zwiebelpulver, Salz, Thymian,
Oregano und Cayenne in einer kleinen Schüssel
vermischen. Die Butter hinzufügen und mit einer
Gabel gleichmäßig mit den Gewürzen verkneten.

Meerrettich-Zitronen-Sahne-Sauce
ERGIBT: etwa 350 ml

200 g Schmand
2½ EL Meerrettich
¼ TL abgeriebene Schale von 1 Bio-Zitrone
2 EL Zitronensaft
2 EL sehr fein gewürfelte Schalotten
1 EL fein gehackte glatte Petersilienblätter
2 TL Worcestersauce
½ TL grobes Meersalz
½ TL frisch gemahlener schwarzer Pfeffer

Die Zutaten in einer mittelgroßen Schüssel zu
einer cremigen Sauce verrühren.

Grill-Kompass Gemüse

REGIONAL UND SAISONAL

Verwenden Sie Gemüse, das Saison hat und überwiegend aus der Region kommt. Es ist reif und schmeckt deutlich besser als Gemüse, das auf dem Transportweg reifen muss.

MÖGLICHST FLACHE STÜCKE SCHNEIDEN

Bereiten Sie das Gemüse für den Grill so vor, dass eine möglichst große Oberfläche mit dem heißen Rost in Kontakt kommen kann. Je direkter der Kontakt, umso besser der Geschmack. Wählen Sie zum Beispiel Paprikaschoten mit möglichst flachen Seiten, die man leicht vom Kerngehäuse wegschneiden kann. Je flacher die Stücke sind, desto mehr Oberfläche kann auf dem heißen Rost karamellisieren.

NUR BESTES ÖL IST GUT GENUG

Das geputzte Gemüse muss mit einer feinen Schicht Öl überzogen werden, damit es nicht am Grillrost haften bleibt oder verbrennt. Neutrale Öle wie Rapsöl funktionieren gut, doch nur hochwertiges Olivenöl unterstreicht den Eigengeschmack der einzelnen Gemüsesorten. Verwenden Sie gerade so viel Öl, dass die Gemüsestücke gut davon bedeckt sind, aber nichts heruntertropfen und Flammen verursachen kann. Würzen Sie das Gemüse vor dem Grillen großzügig mit Salz und Pfeffer. Noch mehr Geschmack erhält es, wenn es bei Raumtemperatur in Olivenöl, Essig, Knoblauch, Kräutern und Gewürzen mariniert wird. Siehe dazu die Angaben der Einwirkzeiten von Marinade für einzelne Gemüsesorten auf Seite 130.

WANN IST ES GAR?

Festere Gemüse wie Zwiebeln oder Fenchel sollten zwar weich, aber noch ein wenig bissfest sein. Falls Ihnen Gemüse aber am besten sehr weich schmeckt, grillen Sie es einfach ein paar Minuten länger. Dann aber darauf achten, dass es nicht zu dunkel wird oder gar verbrennt. Das Grillen intensiviert die natürliche Süße im Gemüse, der Zucker verbrennt jedoch leicht. Schneiden Sie das Gemüse in möglichst gleich große Stücke oder Scheiben, damit es gleichmäßig gart. Fingerdick oder etwas dünner ist in den meisten Fällen richtig.

Fast jede Gemüsesorte, von der Artischocke bis zur Zucchini, gart am besten über direkter mittlerer Hitze, also zwischen 175 und 230 °C. Wird das Gemüse dabei stellenweise zu dunkel, sollten Sie es wenden. Ansonsten gilt für das Wenden von Gemüse: weniger ist mehr!

GEMÜSE	DICKE/GRÖSSE	RICHTWERT GRILLZEIT
Artischocke	ganz, 300–350 g	**14–18 Min.:** 10–12 Min. vorgaren; halbieren und 4–6 Min. über direkter mittlerer Hitze grillen
Aubergine	in Scheiben, 1 cm	**8–10 Min.** über direkter mittlerer Hitze
Fenchel	in Scheiben, ½ cm	**10–12 Min.** über direkter mittlerer Hitze
Frühlingszwiebel	ganz	**3–4 Min.** über direkter mittlerer Hitze
Kartoffeln	ganz	**45–60 Min.** über indirekter mittlerer Hitze
	in Scheiben, 1 cm	**14–16 Min.** über direkter mittlerer Hitze
Kartoffeln, kleine neue	halbiert	**15–20 Min.** über direkter mittlerer Hitze
Knoblauch	ganze Knolle	**45–60 Min.** über indirekter mittlerer Hitze
Kürbis, Butternuss (Butternut)	in Scheiben, 1 cm	**10–14 Min.** über direkter mittlerer Hitze
Maiskolben, ohne Hüllblätter		**10–15 Min.** über direkter mittlerer Hitze
Maiskolben, mit Hüllblättern		**25–30 Min.** über direkter mittlerer Hitze
Möhren	ganz, Ø 1 cm	**7–11 Min.:** 4–6 Min. vorgaren, 3–5 Min. über direkter starker Hitze grillen
Paprikaschote	ganz	**10–15 Min.** über direkter mittlerer Hitze
Paprikaschote/Chilischote	in Scheiben, ½ cm	**6–8 Min.** über direkter mittlerer Hitze
Pilze, Shiitake oder Champignons		**8–10 Min.** über direkter mittlerer Hitze
Pilze, Riesenchampignons (Portobello)		**10–15 Min.** über direkter mittlerer Hitze
Spargel	1¼ cm dicke Stangen	**6–8 Min.** über direkter mittlerer Hitze
Süßkartoffeln	ganz	**50–60 Min.** über indirekter mittlerer Hitze
	in Scheiben, ½ cm	**8–10 Min.** über direkter mittlerer Hitze
Tomaten, Eiertomaten	halbiert	**6–8 Min.** über direkter mittlerer Hitze
	ganz	**8–10 Min.** über direkter mittlerer Hitze
Zucchini	in Scheiben, 1 cm	**3–5 Min.** über direkter mittlerer Hitze
	halbiert	**4–6 Min.** über direkter mittlerer Hitze
Zwiebeln	halbiert	**35–40 Min.** über indirekter mittlerer Hitze
	in Scheiben, 1 cm	**8–12 Min.** über direkter mittlerer Hitze

Sicherheitshinweise

Lesen Sie unbedingt die Bedienungsanleitung Ihres Grills und machen Sie sich mit allen Techniken sowie Sicherheitshinweisen vertraut. Auch die Wartung Ihres Grills ist wichtig (beachten Sie dazu ebenfalls die Hinweise des Herstellers).

ALLGEMEINE HINWEISE

1. Grills geben große Hitze ab. Der Grill muss daher mindestens 1,5 Meter von brennbaren Materialien, Wänden und Geländern entfernt stehen. Verwenden Sie einen Grill niemals in Innenräumen, unter einem Sonnendach oder einer Pergola.

2. Stellen Sie den Grill immer ebenerdig auf.

3. Verwenden Sie ausgewiesenes Grillwerkzeug mit langen, hitzebeständigen Griffen.

4. Tragen Sie beim Grillen keine losen oder leicht entflammbaren Kleidungsstücke.

5. Lassen Sie Kinder oder Haustiere in der Nähe eines heißen Grills niemals unbeaufsichtigt.

6. Tragen Sie beim Grillen und zum Regulieren der Lüftungsschieber Grillhandschuhe.

GASGRILL

1. Halten Sie den Grillboden und die Auffangschale Ihres Gasgrills sauber und fettfrei. Damit vermeiden Sie nicht nur gefährliche Flammenbildung, sondern halten auch ungebetene Gäste fern.

2. Sollten Flammen hochschlagen, schließen Sie unverzüglich den Deckel und legen Sie, wenn nötig, vorher das Grillgut über indirekte Hitze, bis die Flammenbildung abgeklungen ist. Bei einem Gasgrill Flammen niemals mit Wasser löschen

3. Kleiden Sie den abgeschrägten Grillboden auf keinen Fall mit Alufolie aus. Sie verhindert, dass herabtropfendes Fett in die Auffangschale laufen kann. Das Fett sammelt sich zudem in den Falten der Folie und wird sich bei der nächstbesten Gelegenheit entzünden.

4. Gasflaschen dürfen keinesfalls in Innenräumen aufbewahrt werden (auch nicht in der Garage).

5. Ein neuer Gasgrill kann bei den ersten Malen heißer werden als üblich. Sobald er innen ein wenig angelaufen ist und Deckel und Grillwanne nicht mehr so stark reflektieren, normalisiert sich die Hitzeentwicklung.

HOLZKOHLEGRILL

1. Holzkohlegrills dürfen nur im Freien verwendet werden. Bei Gebrauch in geschlossenen Räumen sammeln sich gesundheits- und lebensgefährdende Gase an.

2. Geben Sie niemals flüssige Anzünder oder bereits mit Anzünder imprägnierte Holzkohle auf die warme oder heiße Glut.

3. Niemals Benzin, Alkohol oder andere feuergefährliche Flüssigkeiten zum Anzünden von

Holzkohle verwenden. Wenn Sie flüssigen Anzünder benutzen, muss sämtliche Flüssigkeit, die sich gegebenenfalls im Kessel angesammelt hat, durch den unteren Lüftungsschieber abgelassen werden, bevor Sie die Holzkohle anzünden.

4. Verwenden Sie Ihren Grill nur mit allen vollständig montierten Teilen, die zudem unversehrt sein müssen. Vergewissern Sie sich auch, dass der Aschefänger korrekt unter dem Kessel befestigt ist.

5. Nehmen Sie den Deckel ab, wenn Sie die Holzkohle anzünden und vorglühen.

6. Breiten Sie die Holzkohle immer auf dem Kohlerost aus, nicht direkt auf dem Boden des Kessels.

7. Stellen Sie den Anzündkamin nicht auf oder neben feuergefährliche Flächen.

8. Berühren Sie nie den Kessel, Grill- oder Holzkohlerost, um zu prüfen, ob sie heiß sind.

9. Hängen sie den Grilldeckel immer vorschriftsmäßig an der Deckelhalterung auf. Legen Sie einen heißen Deckel nie auf einen Teppich oder ins Gras. Der Grilldeckel darf nicht an die Griffe des Kessels gehängt werden.

10. Um die Glut zu löschen, setzen Sie den Deckel auf und schließen Sie alle oberen und unteren Lüftungsschieber vollständig. Löschen Sie die Glut niemals mit Wasser, da dies die Emailbeschichtung des Kessels beschädigen könnte.

11. Bekämpfen Sie auflodernde Flammen, indem Sie den Deckel aufsetzen und die oberen Lüftungsschieber zur Hälfte schließen. Auch hier gilt: Niemals mit Wasser löschen!

12. Bedienen und lagern Sie heiße Elektrostarter sehr sorgfältig. Stellen Sie den Starter nie auf oder neben feuergefährliche Flächen.

13. Halten Sie elektrische Kabel von einem heißen Grill fern.

LEBENSMITTELSICHERHEIT

1. Verwenden Sie nur scharfe Messer. Bei der Arbeit mit einem stumpfen Messer besteht die Gefahr, zu stark zu drücken und dabei abzurutschen und sich zu verletzen. Schärfen Sie Messer, die viel in Gebrauch sind, einmal in der Woche mit einem Wetzstahl.

2. Gemüse immer sorgfältig waschen, denn im anhaftenden Schmutz außen und innen können sich Bakterien tummeln. Füllen Sie Ihre Spüle oder eine große Schüssel mit Wasser und schwenken Sie das Gemüse kräftig darin, damit Erde und Schmutz herausgespült werden und sich auf dem Boden absetzen können. Anschließend das Gemüse nochmals unter fließendem kaltem Wasser abspülen.

3. Gewaschenes Gemüse, das nicht gleich weiterverarbeitet wird, sollte besonders gründlich getrocknet werden, da anhaftende Feuchtigkeit am Gemüse neue Bakterien entstehen lassen kann.

4. Lebensmittel im Kühlschrank grundsätzlich nicht neben rohem Fleisch, Fisch oder Meeresfrüchten lagern und vor herabtropfendem Fleischsaft, Auftauflüssigkeit o. Ä. schützen.

5. Ein angefeuchtetes Küchentuch oder feuchtes Küchenpapier unter Ihrem Schneidbrett verhindert, dass das Brett wegrutscht.

Rezepte-Register

Rezepte-Register

Impressum

Weber-Stephen Products Co.:
Mike Kempster Sr., Executive Vice President
Sherry L. Bale, Director, Public Relations

Titel der amerikanischen Originalausgabe:
Weber´s on the Grill.
Vegetarian ™

Projektleitung: Stefanie Poziombka
Autor: Jamie Purviance
Übersetzung: Martin Waller, Werkstatt München
Lektorat und Redaktion:
Karen Dengler, Werkstatt München
Satz: Anja Dengler, Werkstatt München
Gesamtproduktion der deutschen Ausgabe:
Werkstatt München · Buchproduktion
Umschlaggestaltung: independent Medien-Design,
Horst Moser, München
(Umschlag und Innenlayout d. Originalausgabe:
rabble + rouser, inc.)
Herstellung: Anna Bäumner
Reproduktion: Litho Longo AG, Bozen
Druck und Bindung: Printer, Trento

Bildnachweis: Alle Fotos Tim Turner
(Foodstyling Lynn Gagné).

ISBN 978-3-8338-2622-1

2. Auflage 2012

GRÄFE
UND
UNZER

Ein Unternehmen der
GANSKE VERLAGSGRUPPE

Unsere Garantie

Alle Informationen in diesem Ratgeber sind sorgfältig und gewissenhaft geprüft. Sollte dennoch einmal ein Fehler enthalten sein, schicken Sie uns das Buch mit dem entsprechenden Hinweis an unseren Leserservice zurück. Wir tauschen Ihnen den GU-Ratgeber gegen einen anderen zum gleichen oder ähnlichen Thema um.

Liebe Leserin und lieber Leser,

wir freuen uns, dass Sie sich für ein GU-Buch entschieden haben. Mit Ihrem Kauf setzen Sie auf die Qualität, Kompetenz und Aktualität unserer Ratgeber. Dafür sagen wir Danke! Wir wollen als führender Ratgeberverlag noch besser werden. Daher ist uns Ihre Meinung wichtig. Bitte senden Sie uns Ihre Anregungen, Ihre Kritik oder Ihr Lob zu unseren Büchern. Haben Sie Fragen oder benötigen Sie weiteren Rat zum Thema? Wir freuen uns auf Ihre Nachricht!

Wir sind für Sie da!
Montag – Donnerstag:
8.00 – 18.00 Uhr;
Freitag: 8.00 – 16.00 Uhr
Tel.: 08 00/7 23 73 33
Fax: 08 00/5 01 20 54
(kostenfreie Servicenummern)
E-Mail:
leserservice@graefe-und-unzer.de

P.S.: Wollen Sie noch mehr Aktuelles von GU wissen, dann abonnieren Sie doch unseren kostenlosen GU-Online-Newsletter und/oder unsere kostenlosen Kundenmagazine.

GRÄFE UND UNZER VERLAG
Leserservice
Postfach 86 03 13
81630 München